会社の総資産額は少ないほうがいい

銀行から融資を受けたかったら、この数字を見直しなさい

菊地 宏

時事通信社

はじめに

「決算書の総資産額の大きい会社は、銀行の評価が低い」

私は15年間、ごく普通の銀行員生活をしたあと、会社を起業し経営者となりました。銀行入社時には、自分が会社を経営するなんて夢にも思っておらず、一生、銀行員として働くつもりでいました。銀行の同期には自分より圧倒的に優秀な人がたくさんいて、自分は平均レベルではあっても、役員や大きな支店の支店長になれるとは思えませんでした。

30代後半になったとき、チャレンジしなくても失敗しなければ安泰に送ることができる将来にモヤモヤした気持ちが芽生え、耐えきれなくなりました。そして銀行を辞めて起業することになったのですが、会社を経営してみて、銀行から見た会社経営と、経営者から見た会社経営で、同じ経営でも見える風景がこんなに違うものかと仰天しました。

多くの中小企業は、成長するため、事業を継続するためには銀行の支援が不可欠です。私は、あまり優秀ではないと自覚しつつも、銀行から見た会社経営を知っていたからこそ、なんとか起業した会社をここまで成長させることが出来たのではないかと強く感じています。実際、ＩＴ企業をやってはいますが、ＩＴの深い技術なんて何にも分からず（いまでもそうですが）、ＩＴのスキルといえば、皆さんの会社を訪問する外回りの銀行員と同じレベルだったのですから。

たとえば、冒頭に記載した「決算書の総資産額の大きい会社は、銀行の評価が低い」。銀行にいたときは、総資産はできるだけ小さいほうがよいという判断が常識でした。なぜなら、資産額が小さいほうが、会社の事業に対して投資された資産がどれだけ効率よく収益を得ているかを示す指標である総資産利益率（ＲＯＡ）も高くなり、また、資産が陳腐化・不良化するリスクも減るのでプラスだからです。

ところが、一般の会社の人たちは、資産はできるだけ多いほうが評価は高いと考えていると分かりました。個人の資産であればそうかもしれませんが、貸借対照表上の資産では違うということが、あまり理解されていないようです。

本書を手に取っている方々は、私と同じ中小企業の会社の経営を預かる経営陣の方々が多いと思います。同じ経営者として、銀行員あがりの私の視点が、皆さんの何かしらのヒントになったらうれしいです。

バブル崩壊、リーマンショック、コロナ禍など社会的な危機が発生する際には、倒産を防ぐために政策的な融資制度が発動されます。大量の失業者が世の中に出て、社会不安が増大することを防ぐための政府主導による資金繰り支援により、銀行の融資の審査基準は極めて甘くなり、無担保、無利息、数年間の返済も猶予されることがあります。

万が一、融資先が倒産して返済ができなくなっても、銀行としては、国が肩代わりしてくれるし、本来、融資先が支払うべき金利も、国が利子補給で払ってくれるので、信用保証協会が保証を行う融資の甘い条件に合致する取引先には、どんどん融資を行います。構造不況業種となっている銀行にとって、倒産による資金回収リスクもなく、利息も国が払ってくれる融資は、まさに干天の慈雨なのです。銀行にも、苦境の会社を助けたいという思いも多少はありますが、それ以上に銀行自身が生き残るためにそうした融資を増やしたいという目的も大きかったのは間違いありません。

そのため、さほど資金的に困窮していない会社にも、「資金に余裕を持っておいて損はないですよ。無利息なのですから」との銀行からの甘言があり、数千万円の融資を受けることができます。ここだけの話、私の会社も銀行からお誘いがあり融資を受けました。

信用保証協会が保証を行う融資は、未曽有の国難に際して社会の混乱を防ぐ一定の効果があるのは間違いありません。しかし、返済が猶予されるのは2年間程度です。融資を受けた会社は、数年後に元金返済がスタートします。融資を受けて返済期限を迎える会社は、もしも返済開始が難しい場合、新たな融資を受けるか、返済を更に猶予してもらうか、銀行との交渉を行う必要があります。

融資を行う際には気前のよかった銀行も、社会の危機が過ぎ去り、経済が回復したあとに、返済を免除することは絶対にありません。「融資がなかったこととなる（チャラになる）ことはない」と断言できます。免除するならそれは国民の負担となるから国民が許しません。政府がそれをやってしまうと、経営のモラルハザードを許すことになり、融資は返済不要な補助金と変わらないことという認識が蔓延し、これからの融資の政策が機能しなくなるからです。実際、バブル崩壊時、当時の住専（住宅専門貸付会社）への多額の公的資金投入は国民から強く糾弾され、8社中7社が処理されました。どうしても返済ができない場合、会社整理や破産等の処理を行い、残った債務は連帯保証人である経営者が肩代わりを行う以外に選択の余地がありません。

返済が不可欠である以上、返済期限に向けて、銀行が支援の継続を決定するよう、できる限りの準備を行っておくべきです。時代の流れについていけず、市場撤退を選択するしかない会社もあるかもしれませんが、多くの会社は従業員も抱え、地域経済に欠かせない存在のはずです。

銀行が会社を支援するかどうかの判断基準は、会社の経営者や役員が考えている判断基準とは大きく異なります。「よい会社」というときの銀行の常識と、一般社会の常識は違います。銀行が何を見て会社を支援しているのかを理解し、早めに対策に乗り出すことがとても大切です。

銀行の融資とは、会社が「いま」必要とする資金を提供して、「将来」返済してもらうビジネスです。会社の「返済の確実性」を見込んで融資するのが、本来の銀行の姿です。10社に投資して、そのうち9社が破綻しても、1社が10倍以上に成長すれば元が取れると考え「会社の成長性」に資金を出す投資ファンドとはスタンスが全く違います。

本書をじっくり読んでいただくと分かりますが、銀行が評価する点は全て「事業が永続する会社かどうか」の視点に尽きます。将来も事業が安定して継続するかどうかで会社を判断して、その成長を支援しようという目的で資金を出すのが、銀行の役割です。中小企業は銀行から資金を調達することで、会社の事業の発展にもつながります。

銀行の融資の原資となっているのは預金です。もし銀行が取引先から融資が返済されなかったら、命の次に大切とも言われるお金を、銀行を信頼して預けていただいた方々に確実にお返しすることができなくなります。だから、返済できない相手に融資を行うことはできないのです。「雨の日に傘を貸さない」と揶揄される姿勢も、預金者のことを考えれば当然でもあります。

本書で記載したことは、すぐに実践できることもあれば、多少時間がかかることもありますが、単に銀行の支援を得るためだけではなく、永続する会社となるために求められることと同じです。私のつたない経験が、少しでも皆さんの経営の参考になれば幸いです。

目次

第2章 社長報酬は高いほうがいい 55

第4章 銀行から融資を受けるための実践編 145

第1章

会社の総資産額は少ないほうがいい

本書は、中小企業が銀行から事業に必要な融資を受けるにはどのようにすればいいのかをテーマにしています。日本にある企業の中で99・7％が中小企業です。

新型コロナ感染拡大の政府支援に伴い、国内銀行109行による2020年9月時点での中小企業などに向けた貸出金残高は、約335兆円と報じられました。2012年から9年連続で増加しており、金額・伸び率ともに過去最高となったそうです。

その背景にあるのは、新型コロナの蔓延によって発出されたさまざまな規制の影響で、企業経営が停滞したことでした。売上が一気に減少し、窒息寸前となった中小企業もかなりの数に上りました。

そこで国は、新型コロナの蔓延により資金繰りに支障を生じている事業者に対して、政府系金融機関における実質無利子、無担保融資を決め、さらに公的機関である信用保証協会による100％債務保証によって民間金融機関への融資枠の増額を促しました。その結果、次頁のグラフのように、ほぼ垂直に融資金額が増大していったのです。

この令和の徳政令とも言える施策は、瀕死の状態だった多くの企業に、一時的には経営の安定と存続をもたらしています。コロナ禍が収束し、再び活気あふれる経済活動が行われるようになれば、やがて返済の時期が到来しても、ほとんどの企業は持ち直し、コロナ以前の事業状態に戻ることでしょう。

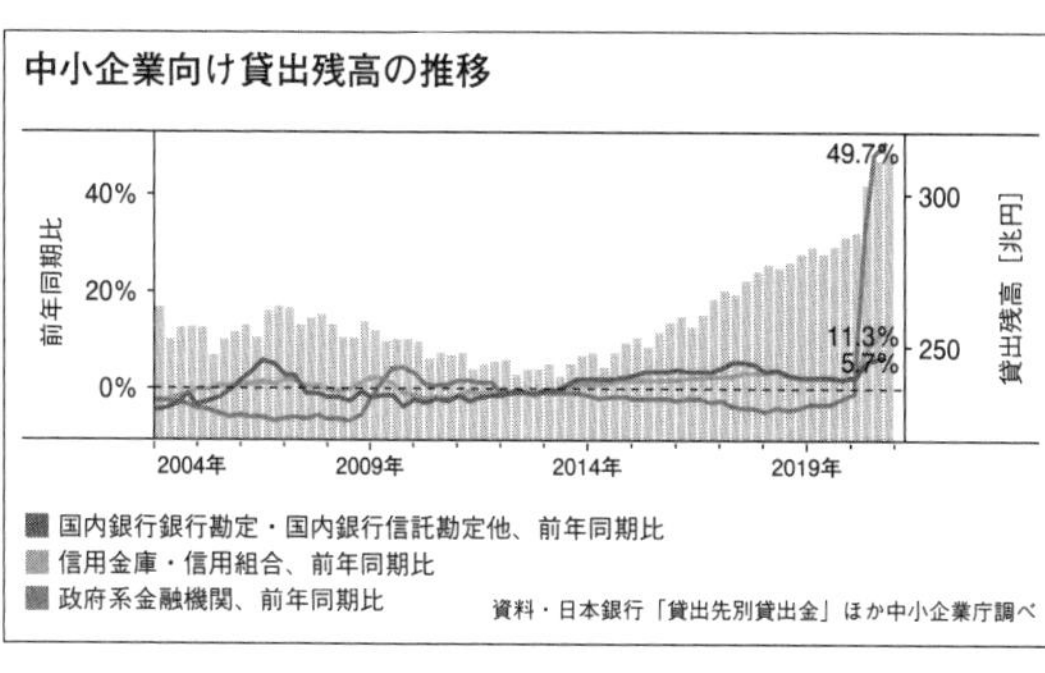

資料・日本銀行「貸出先別貸出金」ほか中小企業庁調べ

しかし、特措法の恩恵を受け、ここぞとばかりに体力に見合わない額の融資を受けていたとしたら、返済の負担は逆に首を絞めることにもなりかねません。

コロナという特殊な事態があって実質的に政府が保証してくれていますが、融資である限りは返済しなくてはならないのは自明の理です。いずれ返さなくてはならないお金です。中小企業にとって予定通りに返済ができなかったり、資金繰りのために追加して銀行に融資を求める必要性が現実問題として出てきたりした場合を視野に入れ、慌てず騒がす今から準備を進めておいても損にはならないでしょう。

実効性のある融資戦略を立て、銀行から確実に融資をしてもらうには、今、経営者として何をしたらいいのか。

元銀行員だった私の経験をもとに、経営者が知っているようで知らない、いわば死角とも言える裏事情を解説しつつ、半年から1年の時間をかけて経営者が行うべき現実的な〝融資攻略マニュアル〟を伝授したいと思います。

私は銀行員時代、約1000社に及ぶ会社の融資に携わってきました。その際、必ず3期分の決算書を提出してもらうのですが、銀行では「決算書を3期分見ると、その経営者の人となりが分かる」と言っていました。それだけ決算書に書かれている数字の一つひとつから、どんな経営者なのかが、如実に浮かび上がってくるのです。

また、経営者からも事細かにヒアリングをしていました。私が多くの経営者と接した中で、経営者と銀行で違うと感じたのは、**決算書のどこを見るか**です。この違いは実に大きく、経営者と銀行員の会社業績に対する認識のギャップを生む原因になっています。

経営者の中には、銀行員は決算書の中でここを重視するのですよと説明したところ、とても驚いた顔をする方もいらっしゃいました。

私が多くの経営者と関わってきた実感として、そのほとんどの方は決算書の中の「**損益計算書**」しか見ていないように思います。「損益計算書」は、売上高や当期純利益などが書かれているものですから、自社の成績を一目で知ることができる重要な資料であることに間違いはありません。経済紙の記事でも、主要な会社の経営状況を伝える際、売上高と利益の金額から業績の良し悪しを論じているので、ここに目が行くのは無理もないことでしょう。そのため多くの経営者は、銀行も損益計算書を最重視しているのだろうと考えているのではないかと思います。

しかし、これは明らかな間違いです。実は銀行員は「損益計算書」よりも「**貸借対照表**」をより重要視しています。それなのに経営者は「貸借対照表」をあまり見ていないので、「前期に比べて、なぜ売掛金がこんなに減っているんですか?」「前期に比べて在庫が増えていますが、どんな在庫が、なぜ増えたのですか?」と質問をすると、的を射ない答えが多かったと記憶しています。

貸借対照表は別名、バランスシートと呼ばれ、実によくできた会社の財務諸表です。そもそも欧米から日本に入ってきたもので、借方側に資産を、貸方側に負債・資本を配置して、会社の財務状況を客観的に把握できるようになっています。

まずは、この貸借対照表に書かれている「資産」について説明するにあたって、この本を手に取った皆さんに、以下の質問をしたいと思います。総資産額が多い会社と少ない会社では、銀行員から評価が高いのはどっちでしょうか？

そもそも**総資産**とは、決算書の貸借対照表に「資産合計」として書かれている数字を指します。

一般的には「資産」という名前から判断して、多いほうがいいのではないかと思われがちです。日経電子版には上場企業の総資産のランキングが出ており、株価を判断する上での一つの項目となっています。もちろん、会社の規模の大きさを示す数字であることは間違いありません。

しかし、「**会社の総資産は少ないほうがいい**」と、一般的に銀行員は考えています。とても意外に思われた読者の方も多いと思いますが、もちろん、それにはちゃんとした裏付けが

貸借対照表

(令和3年9月30日 現在)

(単位：円)

科目	金額	科目	金額
(資産の部)	円	(負債の部)	円
流動資産	114,750,603	流動負債	117,479,650
現金及び預金	58,023,535	買掛金	31,000,155
受取手形	2,054,564	支払手形	0
売掛金	32,400,536	未払金	14,666,464
商品	15,002,564	短期借入金	20,000,000
仕掛品	5,300,536	一年以内返済長期借入金	17,000,000
前払費用	0	未払法人税等	5,203,532
短期貸付金	2,000,000	未払消費税等	23,536,433
未収入金	12,535	前受金	2,536,732
その他	256,333	預り金	1,000,000
貸倒引当金	△300,000	その他	2,536,334
固定資産	207,729,047	固定負債	95,000,000
有形固定資産	182,607,786	長期借入金	67,000,000
建物	41,053,233	社債	28,000,000
構築物			
機械及び装置	3,100,263	負債合計	212,479,650
車両及び運搬具			
工具、器具及び備品	1,400,535		
減価償却累積額		(純資産の部)	
土地	130,053,755		
建設仮勘定	7,000,000	株主資本	
		資本金	40,000,000
無形固定資産	10,000,000	資本剰余金	20,000,000
ソフトウェア	8,400,000	資本準備金	20,000,000
その他	1,600,000	その他資本剰余金	0
		利益剰余金	50,500,000
投資その他の資産	15,121,261	その他利益剰余金	20,000,000
投資有価証券	1,200,000	繰越利益剰余金	30,500,000
関係会社株式	4,500,000	(うち当期純利益)	12,535,390
長期貸付金	5,900,000		
その他	3,621,261	自己株式	△500,000
貸倒引当金	△100,000		
		純資産合計	110,000,000
資産合計	322,479,650	負債・純資産合計	322,479,650

あります。

銀行が中小企業から融資を求められた際、経営者から3期分の決算書と株主名簿などの書類を提出してもらいますが、それとは別に、銀行内ではその会社の**「実態バランスシート」**を作ります。

銀行が作成する「実態バランスシート」とは―

- **融資の審査をするにあたって、実際の財務状態を改めて数値化したもの。**
- **経営者や役員のヒアリング、場合によって倉庫、工場への立ち入り調査もあり。**
- **決算書に隠されている真実を、できる限り把握するための切り札。**

つまり「実態バランスシート」は、その会社の決算書などを見ながら、気になる点、疑わしい科目、怪しいお金の流れを白日の下にさらし、文字通り事細かな経営実態に迫るものなのです。

というのも、決算書に掲載されているさまざまな数字は、その企業の実態と大きくかけ離れたケースが少なくないため、銀行員はまずはすべてを疑ってかかる習性があります。決算書にチラチラと見え隠れする経営者のごまかしやウソを、一つひとつ点検していくと、たとえ総資産が50億円であっても、銀行が作成した「実態バランスシート」では30億円に減ってしまった……ということも出てきます。すると、銀行から見ると、この会社の実質的な総資産は30億円で、差額の20億円は含み損となり、その体力に見合った融資しか出せないということになるのです。

決算書でいかに良く見せようと思っても、銀行はその会社の本当の姿を赤裸々に示す「実態バランスシート」を作るので、意味がないと言えます。むしろ、決算書と実態との数字に差が大きいほど、「この会社は、決算書に虚偽の数字を並べているのではないか？」と疑念を持たれてしまいます。

あえて数字を膨らませて、体裁だけ見栄えをよくして融資を受けようと思っても、銀行が見るとすぐにバレてしまうというわけです。

もし会社の決算書に「実態バランスシート」と大きく差が出てくる点が見つかったら、実態に合わせるため、収益の上がらない在庫を処分し、回収できるかどうかわからない売掛金も損金として計上し、なかったものにする方法もあるでしょう。

しかし、一気に大きな金額を損金にすると、表面上、大きな赤字になってしまう可能性もあり、会社を経営していくにあたってそう簡単にいかないのが実状です。私自身も銀行を辞めた後、起業していまは経営者ですので、決算では対外的に会社が赤字になる事態は避けたいというのが本音です。

つまり総資産が大きいと実態と乖離している場合も多く、逆に少ない方が実態に沿っていて、含み損を抱えていない可能性が高くなります。従って、銀行からの「信用力」という意味で考えれば、総資産が少なくても実態と合致しているほうが健全であると判断されます。

では、実態に合わせるにはどうすればいいのでしょうか。

まず会社の総資産を分類することから始めましょう。すると収益を生むいわば「**お宝資産**（＝健全資産）」と、ただ所有しているというだけでまったく利益を生まず、逆に処分のコストを先送りにしているような「**ガラクタ資産**（＝不良資産）」の2種類があることが分かります。

会社が所有する資産の分類	
・お宝資産（＝健全資産） 家賃収入などを生み出す不動産 今後売上となる製品 利用中の会社の建物と土地、社有車など	・ガラクタ資産（＝不良資産） 売れない製品、今は稼働していない工場 買い手がつかない土地や建物 1年以上未回収の売掛金など

●お宝資産

これは、売ればお金に変えることができるものです。会社が賃貸用として所有しているビルやマンション、駐車場などは家賃収入を生み出す不動産ですから、所有していることで会社に利益をもたらし、まさにお宝資産と言えるでしょう。

会社が在庫として保管し、来期には確実に販売でき、売上になる商品も該当します。メーカーなど製造業の場合、まだ製品になっていない段階の半製品（財務上は仕掛品とも言います）を含みます。製品が売れると、この半製品が会社の売上につながりますから、売上に直結しています。

また、会社が事業のために使用している土地や建物も、いわばお宝資産です。工場で生産のために使用している機械や器具、事務所内のスペースを仕切るために製作したパーテーションや受付に飾っている装飾なども、事業運営に必要な物品であれば、れっきとした会社の資産です。社員が毎日の業務に使用している社有車も、当然、健全な資産としてみなされます。

●ガラクタ資産

会社の在庫の中でも、流行遅れで売れないもの、需要を読み違えて作り過ぎてしまったものなど、もはや処分するしかないものを銀行では「ガラクタ」とも呼びます。こうしたガラクタ資産は処分すれば金額がゼロになるか、もしくは産業廃棄物処分料などの費用が掛かってしまいます。こうした所有していても価値のない在庫が、倉庫でスペースばかり取っているというケースも少なくありません。

そもそもこれらは銀行から見ると、本来、資産に入れるべきではないものです。例えば、土砂崩れで条件的に建物が建てられない土地、不便なところにある荒れ放題の山など、売却しようと思っても値段のつかない不動産も、換金性がないという点でガラクタ資産となります。

また、売上になると想定していたけれど、ゼロになる可能性が高いものも、ここに分類されます。メーカーやシステム会社は、会社の売上になることを見込んで製品やソフトウェアを製造していますが、もし取引先から「発注したものと違うのでお金は払えない」とクレームがついた場合、その在庫・半製品は納品できずに売上として1円にもならない可能性もあります。また、請求書を出したけれど1年以上支払ってもらえないような場合は、売上として計上していても相手の会社が倒産してしまっていたり、何らかのトラブルが生じて回収できない状態だったりすることもあるでしょう。最終的に代金の回収ができないとみなされる売掛金の場合、その数字は銀行の視点ではガラクタ資産となるで

す。

このように総資産を分類すると、ゼロになるかもしれないガラクタ資産も含まれていることが分かります。これは会社の将来にとってお荷物になる負の遺産であり、本来、総資産の中から差し引くべきものです。

また、銀行が「**総資産は少ない方がいい**」と考える根拠は、もう一つあります。会社の評価を決める財務指標として、「**総資産利益率（ROA）**」を重要視しているためです。これは、会社の資産を使ってどれだけ効率的に利益をあげているかを示す数値です。

$$総資産利益率（\%）= \frac{当期純利益}{総資産} \times 100$$

その計算式は、上記の通りです。当期純利益が変わらないのに総資産が多ければ多いほど、純資産利益率は低くなるというわけです。この数値が低いと、収益効率が悪いとみなされます。

著しく悪い場合は、事業に不要な資産を多く所有している、あるいは資産を有効に活用していないということで、大きな問題ありの会社というレッテルを貼られてしまうでしょう。当然、融資においても、大きなマイナス要素となります。

総資産を少なくするには、余分なものをなくすと言っても一朝一夕にはいかないでしょうから、細かく点検して入念にプランを立てることが必要です。ここからは総資産の中身を具体的に見ていきます。

売掛金

売掛金とは、取引先に商品やサービスを納品し、現金や小切手、手形などを取引先から受け取っていない、いわば取引先に対する「ツケ」です。納品時点で売上となりますが（納品基準の場合）、万が一、取引先の企業が倒産すれば、ほぼ回収不能となります。要するに、売掛金は最終的に現金や預金となる見込みの金額であって、売上として計上しているけれど、現時点では手元に入ってきていないのです。

売掛金（未収入金）の内訳書

科目	相手先		期末現在高	摘要
	名称（氏名）	所在地（住所）		
売掛金	インフォニック株式会社	東京都新宿区西新宿２丁目8-1	32,553,200	
売掛金	株式会社ネクプロ	愛知県名古屋市中区三の丸３丁目１番２号	23,000,225	
売掛金	株式会社コンピューターシステムハウス	宮城県仙台市青葉区本町３丁目８番１号	15,000,000	
売掛金	株式会社コムネック	兵庫県神戸市中央区下山手通５丁目10番１号	2,500,000	
売掛金	株式会社 ZeQ	福岡県福岡市博多区東公園７番７号	2,350,012	
売掛金	ABC 株式会社	埼玉県さいたま市浦和区高砂３丁目15-1	1,000,000	
売掛金	株式会社いろは	大阪府大阪市中央区大手前２丁目	500,000	
売掛金	合同会社甲乙丙	神奈川県横浜市中区日本大通１	300,000	
売掛金	その他		6,453,125	
小計			83,656,562	

主要な取引先はどこで、どの会社にいくらの売掛金があるかは、「勘定科目内訳明細書」の売掛金の内訳書に細かくリストアップされています。この書類は決算書とともに税務署への提出が義務付けられていますので、当然、融資を受ける際も、融資を受けた後も毎年、銀行に提出するものです。この書類を見ると、**信用力の高い取引先の大小や、取引先ごとの年間売上高など**がほぼ分かりますし、さまざまな問題点も浮き彫りになります。

売掛金から浮かび上がる問題点①　回収不能のリスク

信用力が高い企業への売掛金が一年以上残っている場合は、払ってもらえないトラブルがあると銀行は考えます。銀行はそこまで見ないと思っている経営者が多いのですが、納品した商品に瑕疵があって訴訟になっている場合も考えられ、銀行はそれを真っ先に疑います。回収できないリスクも十分考えられ、その売掛金が大きいと、会社の経営に深刻な影響が及ぶことも想定できるのです。

売掛金から浮かび上がる問題点②　大企業一社に完全依存している

誰もが知る大企業が取引先にあり、その大企業との取引が売上の大半を占めている場合も気を付ける必要があります。とかく経営者は、知名度の高い大企業が取引先にあるだけで、絶大な信頼があるとプラスで考えがちですが、銀行はそうは思いません。使い勝手が良いだけの、単なる下請け先の可能性もあるからです。また、銀行は1社への依存が大きいと、そこから突然発注が来なくなったら途端に売上が下がるため、リスキーだと判断します。

もちろん、さまざまな企業と取引があり、広くリスクを分散しているのが望ましいのですが、それを実現するには、営業方針や製品・サービスの企画開発から見直す必要があるでしょう。もし大企業の下請けである会社が、一社からの依存脱却を考えるなら、経営全体に関わる課題でもあります。

売掛金から浮かび上がる問題点③　過剰接待による売上の疑い

例えば、特徴ある何らかの製品を保有している場合、通常、それを販売したい多くの取引先から受注が生じるものですが、不自然に1社だけ金額が突出して大きいと銀行から要注意だとみなされます。なぜなら、製品力ではなく、発注窓口となっている人物への過剰接待などで受注を獲得している可能性や、あってはならない個人的な裏金供与なども否定できないからです。

これがうまくいっている間は受注が来ますが、担当者が変更・更迭されると売上がゼロになってしまうかもしれません。こういった場合、経営者に質問すると、答えがしどろもどろになることが多いので、銀行員はピンと来るものです。

融資とは、いま必要な資金を提供して将来返済してもらうビジネスなので、今後、危ないかもと思うことは避けたいのが、銀行の考えでもあります。担当者が変わったら切られてしまう可能性がある取引は、要注意だとみなします。

売掛金に関して銀行の視点から言うと、取引先が多様な業種に小口分散しており、万が一、1社が支払ってくれなくても、会社の財務状況に大きな影響が出ないことが最も理想的です。売掛金が回収できないリスクをできるだけ分散しているほうが、不況になっても強い会社と言えるでしょう。一方、これは経営の難しさでもあるのですが、あまり分散しすぎてしまっても効率がよくないこともあり、全体の取引先を分析してバランスを見る必要があります。

銀行員にとっては、融資が実行されると自らの成績になりますが、逆に返済してもらえないと大きな汚点になります。「勘定科目内訳明細書」の売掛金の内訳書を見ると、どんな業種のどんな取引先に対して、どれくらいの売上高があるかがよく分かるので、重要な判断材料として時間をかけた分析を行います。

売掛金の対策マニュアル

対策1　新規取引先は一部を前金で支払ってもらう

信用調査会社での評点が低い新規取引先の場合は、小額から始める、あるいは半額を前金で支払ってもらうなどの条件を決めて、もし支払ってくれない場合も回収不能となる額が少額で済むようにして、最悪の事態を回避するようにしましょう。

「突然、有名な会社から大口の発注依頼が来た。ビックチャンス！」と飛びつく前に、その有名な企業が業績悪化で支払いができなくなり、発注先の会社から取引を中止されたり、あるいは強引で高圧的な姿勢に辟易した発注先の会社が取引を中止したためお鉢が廻って来たのかも知れないと考えてみましょう。おいしい話には裏があるものです。

対策2 売掛金は早目に回収、催促も速やかに

請求書を発行する際、「請求書の発行から○日以内にお支払いください」「○日○日までにお支払いください」などと明記しておきましょう。取引先の会社も優先順位を決めて支払うでしょうから、もし90日後に支払うと決めている会社でも早めに支払ってくれる可能性が出てきます。ちょっとした工夫を凝らして、売掛金は早く回収しましょう。

また、売掛金が期日に支払われなかったら、その時の対応が肝心です。できるだけ早く連絡し、いつ振り込まれるのかを確認しましょう。資金繰りに窮している会社は、何度もしつ

こく催促してくる会社から先に支払いを行うものです。そのうち払ってくれるだろうと呑気に構えていると、倒産してしまって回収できないということになりかねません。特に毎回支払いが遅れる会社は要注意です。

対策3 銀行を安心させる裏ワザ

裏ワザとしては、融資相談の数か月前から、融資してもらいたい銀行の口座に、優良な上場企業やその地域で信用力がある会社からの入金先を変更することです。有力企業との取引実態が口座への入金で明確に分かることに加えて、担保というわけではありませんが、その会社から入金されるお金を、銀行からの返済が延滞した際に充当できると銀行は考えて融資姿勢に間違いなくプラスになります。

実際、私が担当した中にも、財務内容がよくない会社があったのですが、融資する金額よりも多い、有力企業からの毎月の入金額が確認できたため、万が一の時も回収は可能だと判断し、審査部の承認を得た事例が数多くありました。

対策4 最後の手段としての損金処理

1年以上前から売掛金のままになっていて、今も回収できていないのは、何らかのトラブルがあってこの先も回収不能と考えるほうが現実的です。経営者であれば、回収が難しいかどうかは、分かっているはずです。支払いの催促を繰り返し行っても見通しがつかず、回収を諦めなければならない状態になった場合は、勇気を持って会社の損金として処理することも検討しましょう。

在庫・仕掛品

在庫と言っても、これから売れない製品は資産としての価値はありません。本来は、売れない商品は適切に処分して在庫に残さないのが鉄則です。そもそも、売れない商品を製造しない、仕入しないのがベストなのですが、時代の流れもあって思った通りに売れないことも、ビジネスでは多くあることです。

私は、決算書を見て、この会社は在庫が多いけれど本当に売れるのかと疑念を抱いた時は、年間売上から平均月商を計算し、在庫と比較していました。「適正在庫水準」は業種によって異なっているため、一概に判断はできないものの、在庫が月商の半年分以上に相当する場合は、多くの場合、売れ残りで価値がない危険サインと見ていました。

銀行は、在庫が極端に多いと、この会社は赤字を避けるため不良在庫を処分していないのではないかと思い、いわば粉飾決算に近いと疑念を抱く可能性もあります。私は、木材会社で倉庫にある在庫を確認したり、アパレル会社に保管している洋服がどのような商品なのか、チェックに行ったことがありました。ある一世を風靡(ふうび)したアパレル会社では、決算書を見ると在庫がとても多く、これは本当に売れるのだろうかと疑問が沸きました。しかし、経営者に聞くと、「絶対に売れます」と答え、自信満々です。

この時の悪い予感は的中してしまいました。そのアパレル会社は、当時、東京の一等地に店舗を出して飛ぶ鳥落す勢いでしたが、流行の栄枯盛衰はすさまじいほどに早く、結局、在庫のほとんどが売れずに倒産してしまったのです。

とはいえ、在庫は外部の人から見ると、これから売れるのかどうかが、正しく判断できないものでもあります。実際のところ、私にとって意外だった会社もありました。それは、ペルシャ絨毯の会社です。

在庫について経営者にヒアリングしたところ、「ペルシャ絨毯は価値が劣化しない。現地の女性がハンドメイドで一生かけて数枚を縫い上げるようなもの。その価値が分かる富裕層が数千万で買う美術品で、デザインも古くならないから大丈夫です」と説明を受けました。庶民の私にはペルシャ絨毯の価値は分かりませんでしたが、経営者の誠実な姿勢を信頼し、融資を行いました。後で分かったことですが、その経営者が言っていたことは本当で、ペルシャ絨毯は在庫があっても価値が下がらずに売れるものだったのです。この会社はいまでも立派に事業をしています。

一口に在庫と言っても製品によっても違うものなのだと実感した出来事でしたが、これは極めて特別なケースだと思います。

大抵の場合、「在庫を見せてください」と言うと、ほとんどの経営者が嫌がります。しかし、嫌がる会社は結果として融資されないケースが多いように感じます。何かを隠しているのではないかと疑われますし、快く応じて正直な会社という印象を与えるほうが、融資にプラスになることは間違いないです。

在庫を確認するために倉庫を案内してもらうと、その会社のいろんな面が見えてきます。悪い事例をあげると、そこかしこにいろんな商品が積まれており、聞けば一つ何万円もする高価な製品にもかかわらず、管理台帳に記載された個数と合わず、私は不審に思って「数が合わない時には、どうしているんですか？」と質問しました。案の定、倉庫の責任者は動揺した様子になり、明確に答えることができませんでした。

また、別の会社では倉庫の棚に、無造作にメモが貼られ、そこには出庫した製品の数を示す「正」の字が書いてありました。そのメモが紛失してしまうことも十分考えられますから、在庫管理がずさんとみなされ、言うまでもなく銀行員から見てマイナス評価になります。

総資産に入っている科目に「**仕掛品**」がありますが、これは在庫についての見方と同じです。仕掛品とは、製品になる前の未完成の状態を指し、製品にならずに売上にならなかったら、価値がないものとみなされます。たとえば、ある製品が大量に売れることを見込んで、材料を大量に仕入れ、途中まで製品の製造を進めたけれど、実際に注文が入らなかった場合がこれにあたります。

在庫・仕掛品の対策マニュアル

対策1 万が一の場合も仕掛品の価値がゼロにならないように、発注先と契約書を交わす

私の会社はシステム会社ですが、以前、いざ納品しようとしたら、発注先から求めている機能が実現できていないと指摘され、開発費用だけでなく、購入した専用の電子機器代金などまで請求できなくなったことがありました。

最初に契約書で、万が一の場合も相手の要請により発注した機器代金については請求できることを契約しておけば、仕入した機器の代金の回収ができない事態は避けることができたはずです。経営者としてできる限りのリスクを回避することが必要だと感じています。

対策❷ 売れない在庫は特別割引で販売する

製品を値下げして、安く販売する方法を考えてみましょう。処分すればゼロになるのですから、1円でも値段がついて売れたら、それが会社の売上になります。処分することは簡単ですが、それではせっかくの製品が売上ゼロになってしまいます。仕掛品の場合も同じで、他の売れる製品にすることができないか、知恵を絞ってみましょう。少しでも会社の収益になることを第一に考えてみることが経営者には必要だと思います。

対策❸ 銀行員に「在庫を見てください」と自分から伝えよう

銀行に融資を申し込む際、「うちの倉庫を見てください」と伝えるのは、包み隠すところがない表れですから、好印象を与えます。実際に銀行員に在庫を見てもらって、商品を手に取り、自信を持ってその特徴や優位性を明確に説明しましょう。そうすれば、銀行員が作成する融資の稟議書にリアリティが増し、審査が通りやすくなるものと思います。

貸付金・仮勘定

「貸付金」は、会社が個人または法人に対してお金を貸すことです。これはいずれ返って来る予定のお金ですから、貸借対照表では資産とみなされます。

「貸付金」の金額が大きい場合、銀行員は前期の決算書と比較して、疑わしい点を見つけます。私は、特に社長への貸付金が2年以上返済されず残っている場合は、このお金は何に使ったのかをヒアリングしていました。よくあるケースとしては、社長が会社の銀行口座から引き出して、個人で私的に使うことです。いわゆる公私混同といえる行為です。これは、会社と個人のお金を分けていないと判断されて、融資の審査に大きなマイナスとなります。

私が担当した中小企業にも、会社の銀行口座にお金があると、「俺は自由に使っていい、会社の誰よりも頑張っているから」と引き出してしまう経営者がいました。こういったことが分かると、銀行がその経営者を信頼しなくなります。これは最も避けるべきことです。

また、これもよくある話ですが、高額な交際費の領収書を会社の経理担当に渡す際、「高い接待ですね」と嫌味を言われることを避けようと、とりあえずその交際費を社長への貸付金にしたというケースもありました。社長の遊興費であれば、個人の財布から支払うべきものです。社長が遊ぶために使った「貸付金」は、銀行員は真っ先に目を付けますから絶対にやらないようにしましょう。どうしても遊びたいなら、社長の報酬を高くして、個人のポケットマネーをあてるのが筋です。

貸付金が社長以外の人に渡っている場合も、銀行員は細かくチェックします。事業運営に不可欠な役員や社員が、家族の何らかの事情で資金が必要になり、会社として一時的に工面してあげることもあるでしょう。その事情が納得できるものであれば、銀行員は理解しますので、きちんと説明しましょう。

それ以外の個人または法人に貸付が行われている時は、何か脅されているのではないかという疑いも生じます。「貸付金」には、その会社の大きな問題が隠れている可能性がありますので、銀行員は必ず確認するのです。

他に、目をつけるのが「**仮勘定**」です。「仮勘定」とは、どのような費用になるかがまだ確定できないため、一時的に使用する科目です。

例えば、会社が工場を建設する場合、手付金として支払った金額は「建設仮勘定」とすることが多いです。これをなぜ銀行員が留意して見るのかと言うと、粉飾決算に使われることが多いからです。

「仮勘定」である間は資産とみなされますが、これは一時的に使う勘定科目にすぎませんから、長期に残るものではなく、工場が完成したら適切な勘定科目に振り替えなければなりません。

工場は会社の固定資産なので、完成した時点から減価償却が始まります。時間の経過とともに工場の価値は減少し、毎年、減価償却した分を会社の費用として計上しなくてはなりません。そうなると、もし利益が少なければ、減価償却によって赤字になる可能性も出てきます。そのため、工場が完成しても財務上は「仮勘定」のままにしておき、赤字決算を避けて、会社の見栄えを良くしている場合があるのです。

他にも、銀行員が留意しているものとしては、自社用のソフトウェア開発にかかった費用を「ソフトウェア仮勘定」として計上しているケースです。完成あるいは途中で頓挫したにもかかわらず、意図的にそのままにしていることがあるからです。こういった仮勘定を銀行員は念入りに見ています。

貸付金・仮勘定の対策マニュアル

対策1　なくそう社長への貸付金

社長への貸付は、後で何かと問題が生じるため、しないことが一番です。社長が自分で払うべきものは、自分のポケットマネーから出すのが筋です。社長への貸付金が多い時には、銀行員から追及される前に、速やかに会社に返済しましょう。

まとまったお金がないなら、税理士に相談し、社長の事前確定届出給与（＝実質的な賞与）として会社から支給してもらい、貸付金の返済にあてることも一つの方法です。とにかく社長への貸付をそのまま放置せず、なくす方策を取りましょう。なお、会社からの貸付金は、貸したお金だけでなく、利息も払ってもらう必要がありますので忘れずに。

対策2 社長の報酬を増やすことも選択肢

会社から貸し付けてもらわないと、社長が生活していけないようなら、報酬を見直すことも選択肢の一つでしょう。後で詳しく触れますが、社長の報酬を増やすことは、マイナス印象にはなりません。

対策3 仮勘定はできるだけ使わない

決算の時に建物が途中までしかできていないなら、「建設仮勘定」に計上することもあるでしょう。問題なのは、実際は完成あるいは頓挫しているのに途中だと見せかけて、正しく処理を行わないことです。仮勘定を一時的に使わなくてはならない時は、早めに適切に清算して、あるべき勘定科目に振り替えましょう。

土地・建物・有価証券・子会社株式

会社の資産と言うと、所有している土地や建物を思い浮かべる方が多いのではないでしょうか。それらは「有形固定資産」に該当し、機械や器具、社有車なども含まれます。これ以外にも、株式などの有価証券や子会社を設立するにあたって出資した資金なども、「投資その他の資産」として会社の資産となっています。

決算書には、大抵の場合、土地は購入した時の価格で書かれていますが、銀行員は現時点で売却した時を想定した、市場価格にして評価しています。たとえば、40年前に5億円で会社が購入した土地で考えてみましょう。路線価などを見てこの土地が3億円の時価だと算出した場合、含み損が差額の2億円だと考えます。

それならば、決算書に記載する土地の値段も、銀行員が見るのと同じ、3億円と書けばいいのではないかと思いますよね。しかし、これは実際のところ、一定の要件を満たさないと簡単には税務署が認めてくれません。なぜなら、これを認めると法人税の調整に使われてしまう可能性があるからです。上記の土地を例に説明すると、仮にこの会社が2億円の利益が出ている場合、法人税は約30％になります。

会社が大きな利益が出た決算期に合わせて利益を圧縮しようと考え、保有している土地の値段を5億円から市場価格の3億円に下げて、2億円を差し引くことにします。すると理論上、この会社の利益はゼロとなり、法人税額はゼロになるわけです。

もちろん、その土地を売却すれば、価格が下がっているので、売却損を利益から差し引くことができますが、市場価値に合わせて勝手に決算書の数字を変更することは、税務署からNOを突き付けられてしまいます。

つまり決算書では基本的には、土地は買った時の価格で書いておくしかないことが多いのですが、一方で銀行員は売却した時の値段でシビアに見ていることを知っておいたほうがいいと思います。決算書で会社が5億円の土地を所有していても、なぜ銀行は5億円を融資してくれないのかと言うと、その土地の市場価格が3億円に下落していることを知っているからかもしれません。

そもそも土地は需要に合わせて上がったり下がったりするものなので、価格はその時代によって常に変動しています。地価高騰がピークに達した1980年代に購入した土地は、その後のバブル崩壊に伴い、急激に下落しました。当時は銀行も土地の価格を気にしていましたが、現在は昔ほどではないようです。

続いて、会社が所有している建物については、土地と同様、売却する時の価格で見るかと言うと、そうではありません。その建物を会社が事業用として使用しているのであれば、決算書に書かれている数字（簿価）で見ます。なぜかというと、工場はその会社専用に建設したものなので、もし売却することになったら、簿価では売れない場合が多いのですが、しかし工場は生産活動を行い、会社の利益を生み出しているので、建設時の価格から減価償却累積額を差し引いた決算書上の金額（簿価）で見ることが一般的です。

有価証券については、上場企業の株式の場合は、株価が公開されていますから、その時の株価×株数にすれば、簡単に時価に再評価できます。しかし、これが非上場会社の株式だった場合は、値段をつけることが難しいのですが、信用調査会社等でその会社の財務状況を調べ、会社の価値が下がっていたら含み損がないかを判断します。

M&Aで買収した会社や資本金を出資した会社についても、決算書上は株式を取得した時の金額で計上していますが、銀行はその会社の財務状況を見てシビアに評価します。

会社が銀行に融資を求める場合は、原則として子会社の決算書も全部提出しますので、それを見れば出資しただけの価値があるかどうかが、すぐに分かります。この時、業績が悪い子会社があると、実態バランスシートでは、保有する子会社株式の評価額に含み損があると判断され、融資する金額が減額されたり、ゼロになったりすることもあります。

余談ですが数年前、私の会社は海外の小さなＩＴ会社を子会社化しました。周囲からは「最近、政情不安なので経営に影響があるのでは？」とよく心配されます。しかし、もともと少額で取得したので、万が一ダメになってもほぼ影響がありません。当然、決算書にも子会社の株式を購入時の価格で計上していますので、その評価がゼロになっても小さい金額の損失で終わらすことができるのです。

なお、有価証券に限ったことではないですが、会社の財務状況に影響を与えるような金額ではないことについては、銀行は細かく調査せずにスルーします。

銀行はこの会社がどんなものに投資し、実際にそれだけの価値があるのかを見ています。

以下のように、銀行の見方を整理してみました。こうやって見てみると、決算書の数字と銀行の見方で大きな開きがあるものが多いことが分かります。

銀行から見た、土地・建物・有価証券・子会社株式の評価

	決算書での記載	銀行の見方
土地	購入時の価格	市場価格
建物	購入時の価格※注1	決算書の簿価
上場企業の株式	購入時の株価×株式数	決算期末の株価×株式数
非上場企業の株式	購入時の値段	業績次第
M&Aで買収した子会社の株式	購入時の価格	業績次第
関連会社の株式	出資金	出資金

※注1　決算書には減価償却累積額も記載あり

対策1 会社が所有している土地の市場価格を意識する

前述した通り、会社が所有する土地の値段については、購入時の価格なのか、それとも市場価格なのか、決算書の数字と銀行の見方では違いがあります。それを知った上で、経営者として市場価格の動向を常に把握しておくことが大事です。

対策2 含み益のある資産は一覧表にして提出

先代から長年所有している土地が簿価の何倍にもなっていることはありませんか？ 毎年、保険料を支払っている役員保険で、解約した場合、何千万円の保険金が支払われるものはありませんか？ これらは、決算書には表れない含み益であり、この有無により実質的な財務状況は大きく変わり、銀行の判断も大きく変わります。

銀行は実態バランスシートを作成する際に、把握していることについては考慮して審査しますが、意外に反映していないこともありますので、これらの含み益がある場合は、積極的に詳細資料を提出しましょう。

連帯保証人である経営者の資産に含み益がある場合も同じです。積極的に資料を提出することで審査に有利に働きます。

対策3　売却可能な土地・建物・株式などは、高くなったタイミングで売却を検討

購入した時よりも高くなっている不動産や株式は、もし会社の売上が思いがけず落ち込んだ場合に、売却すれば会社に大きな利益をもたらし、赤字を回避できる助け舟となります。逆に今の価格が下落している不動産や株式は、会社の利益が大幅に増えた時に売却すれば、節税対策につながります。価格の変動を見ながら、会社にとって最良のタイミングを考えましょう。

ただし、会社が所有している土地などを、100%出資した子会社に売却した場合は、注意しなくてはなりません。帳簿価格1000万円以上の土地等の固定資産や有価証券等（棚卸資産、売買目的有価証券を除く）を譲渡した場合は、益を出すことも損を出すこともでき

ないことが定められています。会社が赤字になりそうなとき大きな利益をあげるために、子会社に土地を高く買わせるという手法は通用しないことを知っておきましょう。

対策4 子会社の業績も上がるようにしよう

子会社の業績が悪いと、出資した親会社の融資にも影響するのは先ほど述べた通りですが、逆に子会社の業績が好調だとそれだけ価値も上がり、売却した場合に含み益が生じると銀行は判断します。悪いとマイナス、良いとプラスとなり、まさに子会社の業績は親会社にとって両刃の剣となるのです。

社長報酬は高いほうがいい

中小企業の経営者は、平均どれくらいの年収だと思いますか？　日本実業出版社『役員報酬・賞与・退職金　中小企業の支給相場』によると、２０２０年に全国の中小企業を対象に行ったアンケートで、平均年収は約１７００万円でした。私が担当した会社も、平均すると同じくらいの金額が経営者の年収だったと記憶しています。

しかし、中には経営者の年収が３千万円を超えていたり、奥さんも役員を務めていて夫婦でかなり高額な報酬を手にしていたりするケースがありました。

こうした場合、社員たちの顰蹙を買っていることがよくありましたが、だからと言って融資の判断を行う銀行員が批判的に見ているかというと、決してそんなことはありません。

そもそも、経営者含め役員報酬の金額は、株式総会の決議で決めなければなりませんが、経営者が自社株式の過半数を持っていれば、実質的には自分の裁量で自由に決めることができます。もし経営者が自社の株式を１００％持っていれば、第三者に経理帳簿を開示する義務がないですから、いくらでも高く設定することが可能です。世の中の印象からすると、中小企業の経営者はもらいすぎではないのかと驚いた方もいるのではないでしょうか。

中小企業の経営者は報酬が高すぎるかと言うと、そんなことはありません。なぜなら、中小企業の経営者は、サラリーマンとして入社して抜擢された場合や、外部から招聘された上場企業の経営者と異なり、自分の人生のすべてを賭けて創業から成長させてきた人物が多いです。

また中小企業の経営者は、これからどうなるとも全く見えない状況で、創業の時に自分のなけなしの資金を会社の株式に投じ、相当な高いリスクを取っています。経営者がその大きなリスクを取ったからこそ、社員はいま、給与をもらうことができ、家族を養っているのです。

さらに、上場企業は銀行借入をしていても、経営者は基本的に連帯保証人になることはありません。上場企業の社長は会社を倒産させても首になるだけですが、中小企業の経営者は倒産すると個人資産の全てを失ってしまうこともあります。

会社における経営者個人の不可欠の度合いと責任の重さを考えたら、上場企業の経営者の比ではありません。

銀行員からすれば、**極端に多額で**ない限り、**経営者の報酬は高いほうが評価されます**。その理由としては、以下の二つがあります。
一つは、中小企業に対する銀行の審査では、会社と経営者個人を一体として考え、信用力を調査し、判断を行うためです。中小企業が銀行から融資を受ける時、経営者が連帯保証人となるのが大原則となっています。連帯保証人になると、会社が借入金を返済できなくなったら、代わりに経営者が債務者となり、自分の預金や資産から支払わなくてはなりません。つまり、融資を受けた会社と同じ義務を負うわけです。返済を延滞し続けて、未払いのままでいると、最終的には銀行が裁判所に仮押さえを申し立て、経営者個人の預金引き出しをロックさせることもあります。それでも返済できないなら、最終的には自己破産になるかもしれません。

銀行は、経営者は高い報酬で十分な個人資産を保有しているほうが、万が一、会社が返済できなくなった時も、経営者が肩代わりして支払う能力があると考えます。そう説明すると、銀行は経営者の個人資産をあてにしているのではないかと感じるかもしれませんが、それよりも経営者が気概を持って経営にあたり、会社の全責任を負う不退転の決意表明への評価としての意味合いが強いです。もし経営者が連帯保証人になることを拒否すると、事業が失敗することを恐れているのではないかとみなされて、銀行から信用されず、その時点で融資の話はなくなってしまうでしょう。

私は銀行の京都支店にいた時、経営者の個人資産という点で、この地域独特の特徴を感じたことがありました。なにしろ京都で代々続く老舗の中小企業は、会社の決算書を見せてもらうと何十年もほとんど利益を出しておらず、会社の純資産もなく、いつ倒産するかという惨たんたる状態なのに、経営者の個人資産が潤沢にあり、その信用力を背景に融資を繋いでいるケースが数多くあったのです。

なぜなら京都の中小企業経営者は先祖代々の土地をたくさん所有していることが多く、人気観光地のために地価はほとんど下がりません。神社仏閣が多いため、京都市中心部では借景を考慮した条例により15階以上の建物は作れないなど、さまざまな制約があって土地が限られている上、繁華街が密集しているからです。

この土地を経営者個人が所有し、ホテルや伝統ある料理屋さんに貸したりなどしているので、資産価値はほとんど下がらないというわけです。京都支店にいる間、実際にこのタイプの融資を何件か行いましたが、会社の信用が足りない分を、経営者個人の資産で補完して融資した案件は、他の地域よりもかなり多かったと記憶しています。

そしてもう一つ、経営者の報酬が高いことを評価するのには理由があります。前述したとおり、経営者自身の報酬は自分でコントロールできますから、業績が悪くなったら少なくすることも可能です。会社が赤字になると、真っ先にコスト削減のため、無報酬にすることもできます。会社の業績が悪くなると、報酬をもらっている場合ではありません。要するに、経営者の報酬は会社が儲かれば高くし、そうでない時は下げてコストを減らし、便利に調整できるものなのです。

バブルの時代は担保至上主義と言われて、土地などを担保に融資を行っていました。本来、銀行は会社を継続し成長させる役割を担っているのに、担保がないと貸さないのはいけないと批判を浴び、以後は担保ではなく、会社の財務状況を適切に評価して融資を行うという姿勢になっていきました。

その流れが今も続いていますが、担保を差し入れてもらうことが一般的な融資もあります。長期にわたって融資を行う、工場や倉庫などの設備資金の場合です。例えば、工場建設資金の融資を行う場合、工場を建てて、製品を生産して、その製品が生む利益を返済の元手と考えるために、最終的に全額を返済してもらうまでに5年~10年の長い年月を要します。長い間貸すとなるとリスクが大きくなるので、銀行は設備資金を融資する時はその物件を担保に取ることが多いです。

しかし、会社の運転資金などは、会社の信用と経営者の連帯保証だけで行うことがほとんどですから、その時に向けて経営者の個人資産を増やしておけば、銀行から融資してもらえる可能性が高まります。会社が儲けている時に高い報酬をもらって、経営者の個人資産をしっかり蓄積しておくことが賢明です。

なお、経営者が高い報酬をいいことに銀座の高級クラブで散財ばかりして、十分な個人資産を蓄積していなければ、銀行にとって何の評価にもなりません。

役員構成

役員とは、会社の事業運営に関して重大な決定をする役割を担っている人たちのことを言い、登記簿に名前が掲載されます。中小企業における役員は、取締役と監査役という肩書を持つ人たちを指します。例えば、取締役が4人いると、その中から取締役会で基本的には1人の**代表取締役**を選びます。この人が会社を代表する権限を有します。

また、監査役は決算が不正不備なく行われていることを確認する役割がありますが、「監査役はお飾りにすぎない」と言われるように中小企業の大半は名前だけで、代表取締役の配偶者が就いていることが多いようです。

なお、一般的に中小企業で経営者と言うときは、この代表取締役の役割を担う人だけを指すことが多く、経営陣というときは取締役と監査役全員を指すことが多いです。法律上、会社を代表するのは代表取締役ですが、代表取締役が必ずしも社長である必要はありません。社長は法律で定められた役職ではなく、社内組織上の役職（呼称）です。

取締役とは―
重要事項や方針などを決定し、その業務が適切に進行しているかどうか、監督する責務を担っている。

「専務」や「常務」のポジションにある人は、取締役の一員になっていることがほとんどです。これ以外にも、一つの会社にさまざまな肩書の人がいる場合があります。例えば、「執行役員」は役員と類似した名称ですが、社内外での呼び名にすぎず、法律上の役員ではありません。CEO（Chief Executive Officer、最高経営責任者）やCOO（Chief Operating Officer、最高執行責任者）は、アメリカ型の組織形態を取る会社で用いられることが多く、CEOは会長あるいは社長、COOは社長が一番頼りにしている人物（副社長など）と考えればよいでしょう。

銀行員は名刺に書かれている肩書きにそれほどこだわることはありませんが、会社の役員である取締役と会い、話をする際には、本当に取締役としての力量のある人なのかどうか、知らず知らずのうちに値踏みしているものです。さらに言えば、銀行員は、**役員の数は少ない会社が良い**と考えています。特に経営者より保有株数や出資額が多い役員がいる場合、経営者は実権者ではないのではないかと訝ります。他に会社の方針に大きな影響力を持つ人物がいて、会社の意思を決定する際にスムーズにいかないことが想定されるからです。

また、外部から招聘した人が役員になっている場合は、経営者に注意深くヒアリングを行います。例えば、建設業の中小企業で、大手のゼネコンから天下りした役員が就任し、そのつながりから毎年1億円ずつ受注しているのだったら妥当だと判断することもありますが、単に「業界では誰もが知る実力者だから」「有名な会社の部長だったのでブランディングのために迎えた」という、あまり利益に結び付きそうもない理由なら、意味がないとみなします。

役員に反社会的勢力の人物が入っていたら、融資は一発でNGとなってしまいます。代表取締役は法人登記簿に住所が載っていますが、他の役員は名前しか掲載されていません。銀行はさまざまな信用情報機関と連携して入手した、ブラックリスト情報を持っていますので、融資を審査する際、まずは名前で該当しないかどうかを調べます。万が一疑いがあると、銀行の本部から「この役員の生年月日を聞くように」と指示がある場合があります。そこで確認し、名前と生年月日が合致すれば、法人登記簿は本名なので偽名にすることはできませんからアウトとなります。

これに関しては、銀行時代に苦い経験があります。新規に開拓した業績の良い建築関係の会社があり、1億円を融資することで社内の1次審査が通りました。次の審査でも仮承認を受け、書類を出せば決裁が取れることがほぼ決まっていたのですが、そんな矢先、改めて会社の登記簿謄本を取ったところ、今までいなかった人物が新しく役員になっていたのです。調べたところ、反社会的勢力に属している人だと分かりました。この一点のみで、これまで進めてきた融資の話は白紙になってしまったのです。融資が決まる数週間前の出来事でした。

おそらくその会社の経営者は、この件で融資の話が吹っ飛んでしまうとは夢にも思わず、あまり深く考えないまま、建築業界で力のある人物だからという理由で役員にしたのだろうと思います。

しかし、会社の役員、株主、取引先に、該当する人物がいると、融資は一発アウトになってしまいますから命取りです。事前によく調べて、慎重に行いましょう。

役員構成の対策マニュアル

対策1 役員の数は余人をもって代えがたい人物だけにしよう

会社の意思決定を速やかに行い、経営者の方針を貫徹するためにも、会社にとって本当に必要不可欠な少数精鋭のみを登用し、役員の数を絞りましょう。ベンチャーキャピタルから出資を受ける場合も**不可欠な人材に限り、**できれば役員には入れないほうがベターです。

対策2 外部から招聘した役員は本当に利益をもたらしているかをチェック

外部の役員はそれだけの利益を会社にもたらしているのか、報酬額と照らし合わせて判断を。また、権威ある人物や有名人を役員に迎えて、ホームページなどに名前を連ねるのは、銀行員からは評価されません。

対策3 新しく役員を迎える前に、事前チェックを

役員は会社の意思決定を行う立場にありますので、安易に役員に迎えるのは禁物です。有益な情報をもたらしてくれるなど、これからも会社に必要な人物なら、顧問に就いてもらうなど登記上は表に出ない形にしましょう。

資本金

前述した通り、経営者が報酬を高くして個人資産を蓄積していると、個人としての信用に結び付くという話をしましたが、ここからは会社の信用を得るためには、決算書の特にどこがポイントなのかを説明しましょう。

第1章で「貸借対照表」について触れましたが、銀行員は会社の決算書を渡された時、最

貸借対照表

（令和3年9月30日 現在）

（単位：円）

科目	金額	科目	金額
（資産の部）	円	（負債の部）	円
流動資産	**114,750,603**	**流動負債**	**117,479,650**
現金及び預金	58,023,535	買掛金	31,000,155
受取手形	2,054,564	支払手形	0
売掛金	32,400,536	未払金	14,666,464
商品	15,002,564	短期借入金	20,000,000
仕掛品	5,300,536	一年以内返済長期借入金	17,000,000
前払費用	0	未払法人税等	5,203,532
短期貸付金	2,000,000	未払消費税等	23,536,732
未収入金	12,535	前受金	2,536,732
その他	256,333	預り金	1,000,000
貸倒引当金	△300,000	その他	2,536,334
固定資産	**207,729,047**	**固定負債**	**95,000,000**
有形固定資産	**182,607,786**	長期借入金	67,000,000
建物	41,053,233	社債	28,000,000
構築物			
機械及び装置	3,100,263	**負債合計**	**212,479,650**
車両及び運搬具			
工具、器具及び備品	1,400,535		
減価償却累積額		**（純資産の部）**	
土地	130,053,755		
建設仮勘定	7,000,000	**株主資本**	
		資本金	**40,000,000**
無形固定資産	**10,000,000**	**資本剰余金**	20,000,000
ソフトウェア	8,400,000	資本準備金	20,000,000
その他	1,600,000	その他資本剰余金	0
		利益剰余金	**50,500,000**
投資その他の資産	**15,121,261**	その他利益剰余金	20,000,000
投資有価証券	1,200,000	繰越利益剰余金	30,500,000
関係会社株式	4,500,000	**（うち当期純利益）**	**12,535,390**
長期貸付金	5,900,000		
その他	3,621,261	**自己株式**	**△500,000**
貸倒引当金	△100,000		
		純資産合計	**110,000,000**
資産合計	**322,479,650**	**負債・純資産合計**	**322,479,650**

純資産

初にどこを見るかと言うと、「純資産の部」の項目です。

純資産は、その会社が創業から粛々と業務を続けてきた結果、現在、どれだけお金があるのかを示すものです。いわば、蓄積してきた筋肉量、体力のようなものです。

人間でもそうですが、十分な体力があればこれから先も精力的に活動していけるでしょう。会社もまた、純資産という体力が豊富にあれば、新しい事業にもチャレンジできますし、将来的に継続して利益を生み出していくことが期待できるのです。

図を見れば分かる通り、純資産の部で初めに記載されているのが「資本金」です。

そもそも、株式会社は、出資者から集めたお金をもとにして事業を運営していきます。このお金が資本金となります。出資者とは株主のことです。この事業がうまくいくはずだと思って資金を投資し、会社としての活動が始まります。

銀行から融資の審査を受ける場合、会社の決算書とともに提出を求められる書類に、会社の**株主名簿**があります。これを見ると、株主の名前や人数、それぞれがいくらの資金を出しているのかは明白です。

企業運営者の1人として、持ち株数に応じた経営権を行使できる。

一般論で言えば、中小企業であれば、経営者が株式の7～8割を持っているのが望ましく、最低5割を持っているのが安心と言えるでしょう。もし経営者の株式比率が1位（筆頭株主と言います）でない場合、銀行員は「なぜ経営者が筆頭株主でないのだろう？　この会社の事業方針は大丈夫なのか？」と感じます。経営者が筆頭株主と一致しているのがシンプルであり、私が見てきた中でも、揉め事がなく会社を運営している例が多かったように思います。

経営者個人がどうしても全株式の5割を持つことが難しければ、経営者の配偶者と後継者となる予定の子供の合計で最低5割を保有するように株主を限定しましょう。同族会社は安心と考えて、株主に兄弟姉妹が入っていると、少し雲行きが変わってきます。例えば、大株主である経営者本人が亡くなった場合、経営者本人が保有していた株式の権利が法定相続人である配偶者や子に引き継がれますが、これによって複雑な事態を引き起こす場合も考えられるのです。

また非上場会社の株式は、株価の算出方法によっては、相続税が巨額になることが少なくありませんし、望ましくない人物が株主にならないように大抵は譲渡制限が付いていて、第三者に売却することも簡単ではありません。株式を所有する親戚の幅を広げるほど、お家騒動が噴出して揉め事のタネになります。相続税納付のため、経営者が保有していた株式を誰かに譲らざるを得ない場合、配偶者や子の持ち分比率が下がり、経営権が兄弟姉妹連合に移る場合もあります。

実際、私の担当先で、100年以上の歴史を受け継ぐ、歴史ある織物関係の会社で、ある騒動がありました。その会社には、創業者の直系の孫にあたる専務がおり、周りの皆が次期社長になると思っていました。しかし、彼が持っていた株式の比率が少なく、過半数を複数の親戚が所有していたのです。親戚が手を組んで株主の議決権を行使し、彼は会社を追い出されてしまいました。社員たちにとってもまさに寝耳に水で、会社の株主が誰であるかが重要だと感じた出来事でした。

また、株主に経営者やその親戚だけでなく、多岐にわたる人物が名を連ねていると、銀行はかなり注意深く見ます。特にマークするのは、経営者の親戚でもない**外部株主**です。そして、この人がどういった経緯で会社の株式を買うことになったのか、経営者から詳しくヒアリングします。外部株主は、非同族の役員や従業員、取引先、投資目的で出資したベンチャーキャピタルや投資ファンドのケースもあります。

特に外部株主が51％以上の株を握っている場合は、外部株主が一つにまとまると株主総会で多数決により決定権を握ります。いきなり現在の経営者がクビになるという可能性もありますし、会社を突然、売却することだってあるかもしれません。つまり会社の株主名簿を見れば、リスクがどれくらいありそうか、浮き彫りになるのです。

次頁のグラフは、中小企業に外部株主がどれくらいの割合いるかを、従業員規模に調査したデータです。

従業員の規模が小さいほど、外部株主が1人もいない、いわば単独オーナーの経営による企業の割合が多くなっていることが分かります。また、101人以上の中小企業になると、

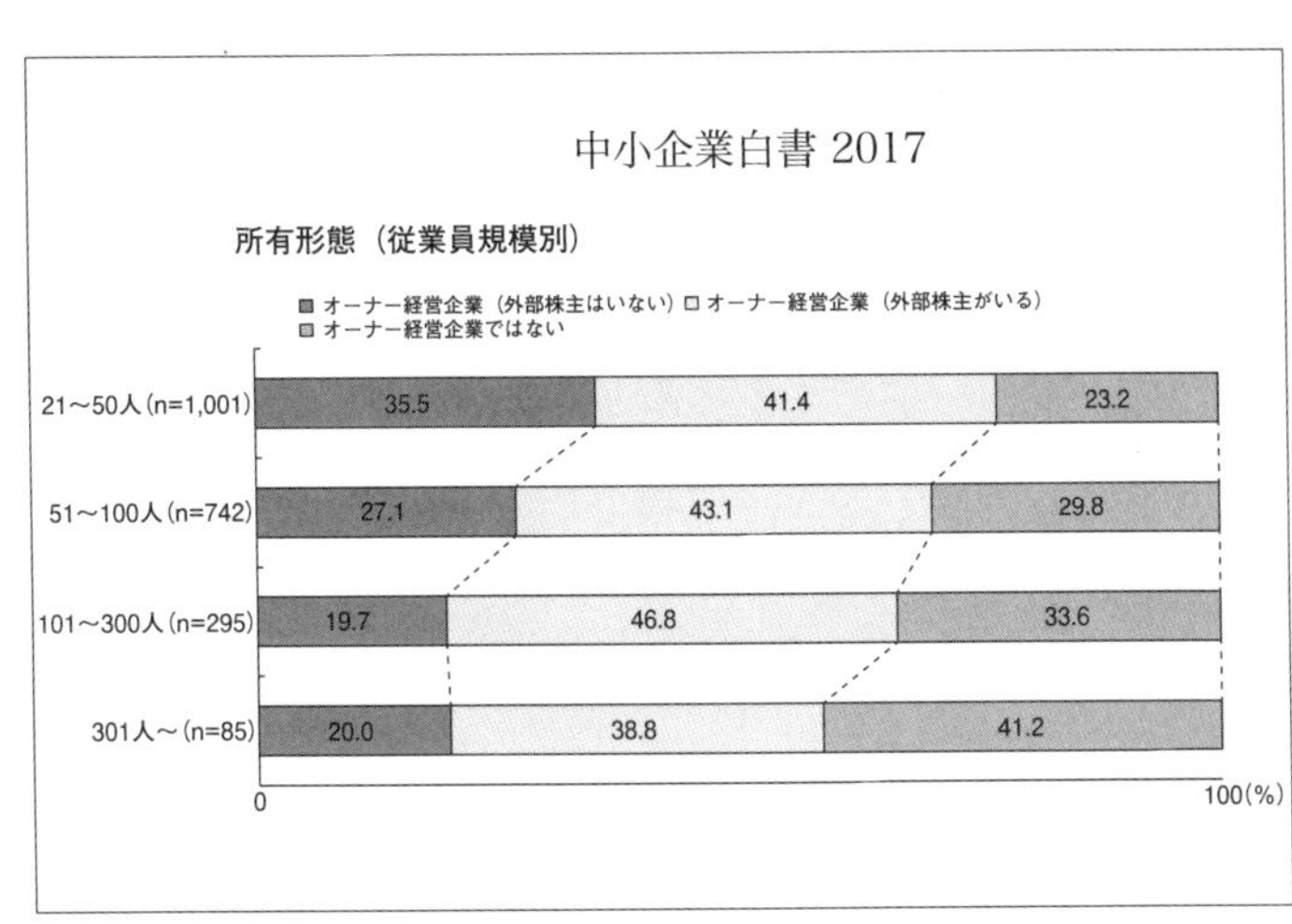

約8割に外部株主が存在しています。

原則として株主は、所有する株式一株につき、一個の議決権を保持していますから、外部株主が多いとその分、経営に口をはさんで株主総会でさまざまな問題を提起する株主もおり、経営者が迅速な判断をできなくなることが考えられます。

株式を51％以上所有している外部株主には、融資にあたって連帯保証人となることを銀行が求める可能性があります。実質的な決定権を持っている人物が、会社の今後に責任を持っていると考えるためです。

従って中小企業の株主は少ないほうが好ましく、経営者と筆頭株主が一致しているのが望ましいのです。銀行員は会社の未来が、どうなるか見えないリスク要素を極力避けたいものなのです。もし株主たちの反乱によって社長交代劇などあれば、先々の経営を不安定にさせますので、融資では事前に株主名簿からリスクを洗い出し、議決権のパーセンテージや、どのような株主がいるのかも把握して、できるだけ回避しようと考えます。

資本金の対策マニュアル

対策1 株主の数を極力減らす

前述した通り、会社の株主は、経営者及び配偶者、後継者となる子供など、家族・身内に集中しておくほうが良いでしょう。何親等も離れている親戚が会社の株式を分散して持っているのなら、時間をかけてでも経営者が買い取って株主の数を減らすようにしましょう。株式は会社の根幹となるため、特に第三者の外部株主からは優先して株式を買い取り、経営者に集約するようにするのが得策です。少ない株主で堅実に経営が行われていれば、銀行員の印象はかなり高くなるはずです。

ちなみに、株式を買い取るにあたっては、業績が良い時より悪い時のほうが株価を低く抑えられ、スムーズに進むことが多いです。

対策2　第三者からの投資を求める場合

対策①とは、少々矛盾するかもしれませんが、場合によっては第三者からの投資を得て株式を譲渡する、**または新たに会社に出資をしてもらう**方法を取ることもあります。それは、以下のような状況であるならば、という条件つきですが、検討しても良いと考えられます。

1　会社が画期的な技術を持っているにもかかわらず、現時点で赤字経営が続き、進退窮まっているような状況。
↓資金さえあれば経営を安定させ、V字回復が期待できる。

2　会社が順調に右肩あがりで成長し、その波に乗ってさらなる飛躍を加速させたい状況。
↓会社が伸びているのは千載一遇の好機であり、投資を好条件で募れる。

3　会社が大きくなり、上場を本気で検討するような状況。

↓上場するには、優良な会社であることを認知されることが重要となり、多額の投資を
得て資本力と信頼力を高める。

この場合は、出資者は信頼のおける人や会社からに限定しましょう。それほど詳しく知らない他の企業や、どのような人物なのか100%分からない人からの出資は、不用意に増やさないことを徹底してください。出資者の中には悪意を持って、会社の資産を奪おうと画策して近づいてくる詐欺師のような人々も少なくありません。株式の過半数を所有されたら、経営を支配することができますので要注意です。

ちなみに、株主に関しても、反社会的勢力の人物が入っていたら融資は即アウトとなりますので、注意しましょう。

対策3 会社の資本金は戦略的に変更を

銀行員は資本金をどう見ているかと言うと、資本金の金額が大きいからと言って、その会社にたくさんの現金があるとは限らないことを知っています。そのため、銀行の財務評価で

は、純資産の額は見ますが、融資において資本金の大小で評価が変わることはありません。

しかし、一般的に会社同士が新規の取引を始める場合、相手の会社の資本金がどの程度の金額なのか、言葉は悪いですが値踏みします。その金額の多寡によって、信用力の一つの基準としてみなすことが少なくありません。

また資本金の金額が1000万円未満、3000万円未満、5000万円未満、1億円以上になると、それぞれに税制優遇や補助金等を受ける際の条件も異なってきます。さらに言えば、国の許認可が必要な事業を行うには、一定額以上の資本金が必須な場合もあります。

助成金獲得や税制優遇を目的とした会社運営を主眼とするならば、資本金はあえて低めに設定し、公共事業の入札が事業の柱であると考えるならば、それ相応の資本金が必要となるわけです。

「そんなの知っているよ」と思う向きもあるかもしれませんが、実はこの資本金の金額を会社の方針に合わせて考えている経営者は**多くありません**。会社の資本金を増減する際には、ぜひ一度、会社の目指すべき方向を念頭に行うようにしましょう。

資本準備金

純資産の科目の中に、「**資本準備金**」という項目があります。この数字が大きいと銀行員は、この会社は成長しており、価値が高まっていると評価します。しかし、一般的に「資本準備金」は、聞き慣れない言葉ではないでしょうか。

それは、会社が新たに資金調達するための方法である「第三者割当増資」とセットになっているからです。

第三者割当増資とは―

株式を新たに発行して、自社の経営者や取引先、あるいは銀行、投資会社など、気心を互いに知る密な関係にある第三者（法人や個人）に、引き受けてもらうことで資金を調達する方法。

新株を引き受ける側の企業や個人は、その株式数や株価に応じて出資する。

「ニュースなどでよく聞く言葉だけれど、中小企業にできるの？」と思った方もいるかもしれません。もちろん、中小企業でも可能であり、資金調達にとても有効な手法です。しかも「第三者…」という言葉に惑わされてはいけません。実際は、全くの他人である第三者ではなく、経営者個人が出資して行うことができるのです。私の会社でも、私が引き受け手となり第三者割当増資を行いました。

まずこれができるための条件は、会社が増資するにあたって資金を出す人がいるかどうかです。早い話、出資してくれる人がいたら、第三者割当増資は成り立ちます。

具体的な手順を説明すると、会社法に従って株主総会の特別決議で、「募集株式数」「払込金額又はその算定方法」「払込期日又は期間」などの「募集事項」を決めます。

中小企業は大抵が非上場企業ですから株式の評価価格が公開されておらず、株価をいくらとするのか決めるのが難しいのが実状です。株価の算出には複数の方法がありますので、その中からしかるべき方法で株価を算出し、購入者と合意した価格が今回の増資での株価となります。

こうして購入者から会社が定めた銀行口座へ払い込まれると、手続きが完了です。実際に第三者割当増資を進めるにあたっては、公認会計士などの専門家に依頼すると、必要な手続きをスムーズに行うことができます。

集まった出資金は、全額資本に組み入れなくても良く、会社法によれば「資本金の2分の1を超えない金額について、資本金として計上しなくてもよい」と明記されています。この時、実際には増資されているにも関わらず、資本金に組み入れられなくてもよい金額が「資本準備金」となるわけです。

簡単に言えば、資本準備金とは万が一のために蓄えておく、もしものためのお金です。運悪く経営不振に陥って負債が生じた時などは、資本金しかなければ赤字補填のために減資をしなければなりませんが、資本準備金があれば、それを取り崩して迅速に赤字を補填し、減資をしなくても済みます。

この第三者割当増資について、例を挙げて説明すると、A社は資本金9000万円の株式会社で、このたび「第三者割当増資」を行って、経営者であるBさんが個人で出資することになりました。この時、Bさんは新たに1000万円を出資し、このお金がA社に入りまし

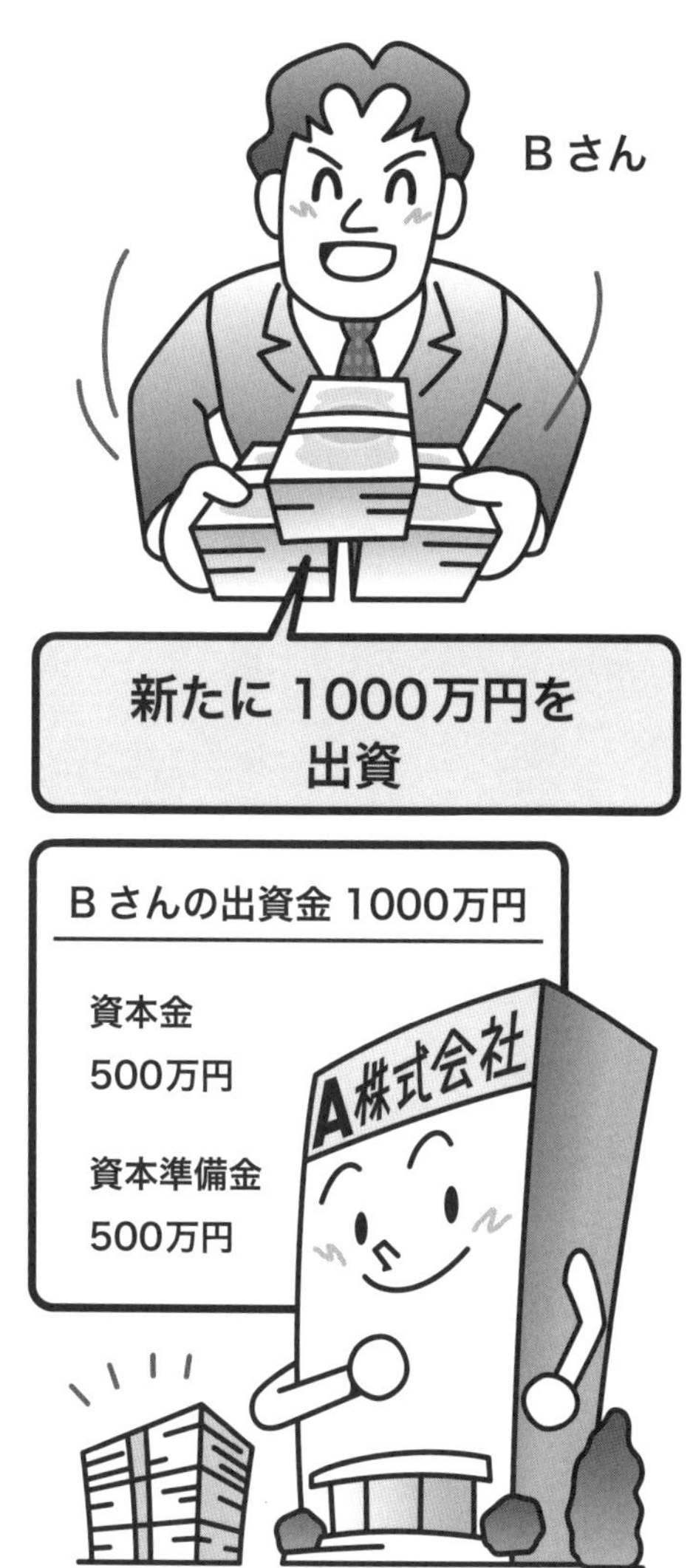

たが、A社はこのうち500万円を資本金に充当して、残りの500万円を資本準備金としました。

A社はもしもの時に備えて、出資金の半額を準備金としましたが、実は理由はもうひとつあります。それは資本金の金額によって税率が変わるという現実があり、節税対策の意味でも資本準備金を活用したのでした。

法人税法によれば、資本金が1億円を超えると「大企業」となり、「中小企業」法人の優遇措置を受けられなくなります。「中小企業」法人の優遇措置とは、「軽減税率」「交際費の定額控除」「欠損金の繰戻還付」「機械等の特別控除や特別償却」などの優遇税制を適用すること、さらに「同族会社の留保金課税」が行われないなどがあり、経営における税金の負担が大幅に軽減されています。

近年では、特にベンチャー企業など成長著しい会社は、資金調達のために第三者割当増資を積極的に行っていますので、そのたびに資本準備金が積み上がっていきます。これが順調に増えているようなら、それだけ会社の価値が上昇しているということです。

銀行員はこの「資本準備金」が順調に積み上がっているのか、その金額は融資金額と相殺してもあまりあるものなのか、その点をチェックします。この資本準備金が潤沢にある場合、融資においてプラス評価となることは間違いありません。

資本準備金対策のマニュアル

対策1　第三者割当増資をする時は、経営者は経営権の維持を忘れずに

第三者割当増資は、中小企業にとって資金調達の手段であり、この手法が知られるようになって近年増え続けています。しかし、出資してくれるからといって、誰でも受け入れて外部株主を増やすことになっては本末転倒です。経営に大きな影響を及ぼすことになりかねません。

株式公開が前提となっている第三者割当増資でない限り、経営者が出資も行って経営権を保持しましょう。そのためにも、この章の冒頭で述べた通り、経営者の報酬を高くするのが有効です。報酬を高くした分、会社に経営者自身が出資することが、会社経営にも大きなメリットをもたらすことになります。

対策2　経営者から会社への貸付金を振り替える

中小企業の場合、経営者が会社に貸付を行っている場合がよくあります。その貸付金は決算書上でも、「長期貸付金」として記載されています。それを資本金と資本準備金に振り替えることができます。この方法なら、まとまったお金が必要ありませんし、すぐに行うことができます。詳しくは第４章の１４９ページで解説していますので、読んでみてください。

対策3　資本準備金は困った時の頼み綱

会社の経営は、時に思いがけないアクシデントが起きるものです。建設している工場の完成が大幅に遅れて一時的に製品の生産がストップしたり、同業他社の台頭により急に売上が減少したりなど、予想していなかったピンチに直面した時に資本準備金を取り崩し、財務を健全化した会社の実例がいくつもあります。もしもの場合に備えて、資本準備金を増やしておいたほうが何かと安心です。

利益剰余金

ニュースなどで「**内部留保**」という言葉をよく目にするようになりました。財務省が発表した法人企業統計によると、2019年度の内部留保は475兆161億円となり、過去最大を更新しました。一般的には、「内部留保」とは法人の銀行口座にある預金のことだと思っている人が多いのではないでしょうか。

正しくは、会社の「**利益剰余金**」を指し、法人の銀行口座にいくらあるのかは関係していません。もしも法人の銀行口座にある預金額を意味しているのなら、会社が借入を増やしてその資金を銀行口座に残しておけばおくほど内部留保も増えるということになります。「利益剰余金」は純資産の中の科目で、黒字によって積み重なった会社の利益の蓄積のことです。前述の「資本準備金」は出資金から意図的に分離され、万一の時のために備えているお金ですが、「利益剰余金」は、これまでのビジネスによって得られた利益の塊なのです。

銀行員から見ても、会社の利益剰余金が年々増えていると、稼いだ利益を累積していることとになり、大いに評価されることは間違いありません。過去に会社がどれだけ利益を上げてきたのかを示すものですから、多ければ多いほど、これからも儲けることができる仕組みが備わった会社であるとみなされます。

利益剰余金が多いと、仮に利益を上げる事業活動がストップしても、しばらくは存続していけるでしょう。銀行が最も避けたいのは、融資した会社からお金を返してもらえなくなることです。利益余剰金が多いとその心配も減り、倒産するリスクも低いと判断します。利益剰余金が多くなれば、一部の金額を会社の資本金に振り替えることもできますから、資本金を増資したい時にも活用できます。

利益剰余金の対策マニュアル

対策1 利益剰余金のマイナスはNG

利益剰余金がマイナスになるのは、会社の業績悪化を表しています。これが何年も続くと、赤字金額の累積が膨らみ、純資産もマイナスの債務超過となって倒産のリスクが出てきます。マイナスになった理由を分析し、利益を上げて蓄積することができるように早急に事業計画を見直しましょう。その上で不採算部門を切り、成長している部門をテコ入れして、より利益を上げるように迅速に動き、利益剰余金を積み上げる組織にリニューアルすることをお勧めします。

対策2　毎月の大きな出費を見直そう

立派な事務所を賃貸契約しているなら、月々の賃貸料が安いところへ引っ越すことを検討してみましょう。他にも、毎月の出費として大きな金額であるものを、本当に必要なのかを見直せば、経費を削減することができます。その分、会社の利益として残すことができ、利益剰余金も増やすことができるのです。

また、長期的な対策としては、今の事業の売上が急に減少しても、別の事業でカバーできるように多角化したり、メーカーなら利益率が高い製品の開発に取り組むようにしたりなど、できることから順番に実践していくようにしましょう。

対策3 地道に利益を上げる

利益剰余金を増やすには、当たり前ですが、事業で利益をコツコツ積み上げていく、毎年の決算で利益を出していくことです。事業で利益を増やす方法は、経営者の仕事そのものでもあり、私がアドバイスできることも限られていますが、一つ言えることは、一般社会が評価する会社の尺度（売上高、総資産額、社員数の多さ）などよりも、銀行の評価する尺度（本書で記載している評価ポイント）を高めていくことが、利益を増やすことにつながることだけは間違いないと思います。

この章では、融資を有利にするためのポイントとして、「経営者の報酬を高くすること」、「資本準備金を増やすこと」「利益剰余金をどんどん積み上げること」の三つについて説明しました。この三つとも順調に増えていくのが望ましいですが、このどれもがうまくいくのはそう簡単ではありません。

ならば、この中で一つ、数字を増やすものをあげるとしたら、「資本準備金を増やすこと」

をお勧めしたいと思います。会社の業績が良い時に経営者の報酬を高くして、そのお金で自ら出資し、第三者割当増資の手法を用いて増資を行えば、おのずと資本準備金は増えます。資金を準備することは必要ですが、最も簡単に銀行の評価が上がる財務内容の改善方法だと言えるでしょう。

変化が激しいこれからの時代は、情報を味方につけることも、経営者の一つの武器になると感じています。

第3章

減価償却は減らしても意味がない

「**減価償却**」についてその言葉を知っていても、税理士に任せているので詳しく知る必要がない、あるいは経営的にはそれほど影響がないだろうから、分からなくても問題ないだろうと認識している経営者は意外と多いのではないでしょうか？　実のところ銀行員は、「減価償却を重要視していないな」と感じた経営者を評価しません。

なぜなら減価償却は、将来を左右する設備投資を行った場合、それ以降、毎年、現金としての出費はないのに、会計上は費用として計上されるという特殊なものなので、これを意識していない経営者は数字に疎い証明となるからです。

本書は、決算書における経営者の見方と、銀行員の見方の違いがどこにあるのかを伝え、融資を受けるための具体的な方策を指し示すことをねらいとしていますが、両者の意識に著しく違いが出てくるものの一つが「減価償却」だと言えるでしょう。

この数字を経営者はぼんやりとしか見ておらず、一方で銀行員は特に目を光らせてチェックしています。実は「減価償却」は、この会社の経営者は最低限の知識と責任感を持って経営を遂行しているかどうか、判断するためのバロメーターになるのです。

減価償却

そもそも減価償却とはどういうものなのか端的に説明すると、会社が事業などに用いる資産を購入した際、取得した時に全額を費用とせずに、耐用年数で分割して毎年計上していくことを指します。建物や機械、車、備品など目に見える「有形固定資産」もあれば、営業権や特許権、商標権、ソフトウエアなど形のない「無形固定資産」もあります。対象となる要件は、使用可能期間が1年以上のもの、取得価格が10万円以上のものです。そのため、10万円未満で買ったパソコンは減価償却の対象となりません。また、一般的に歳月を経るにつれて価値が減少するものに適用されるため、土地や借地権、骨董品、書画などのように、時間が経過しても価値が劣化しないと判断されるものは対象とならないのです。

詳しくは、国税庁のサイトに「主な減価償却の耐用年数表」が出ていますので、そこを見ると細かく掲載されています。たとえば、会社用の事務机は素材によって耐用年数が異なり、金属製のものは15年、それ以外のものは8年と定められています。この年数に応じて、個別に毎年、減価償却を行うルールとなっています。

これをどうして銀行員が注視しているかというと、会社の業績が悪くなると、その年は減価償却をしない会社もあるからです。

例えば、４年前に工場の設備を1億６０００万円で購入し、耐用年数が８年の場合、減価償却分は毎年２０００万円となります。1年目、２年目、３年目は毎年計上していましたが、４年目に急に売上が厳しくなったので、減価償却分２０００万円を計上しませんでした。これによって決算書では黒字になりました。

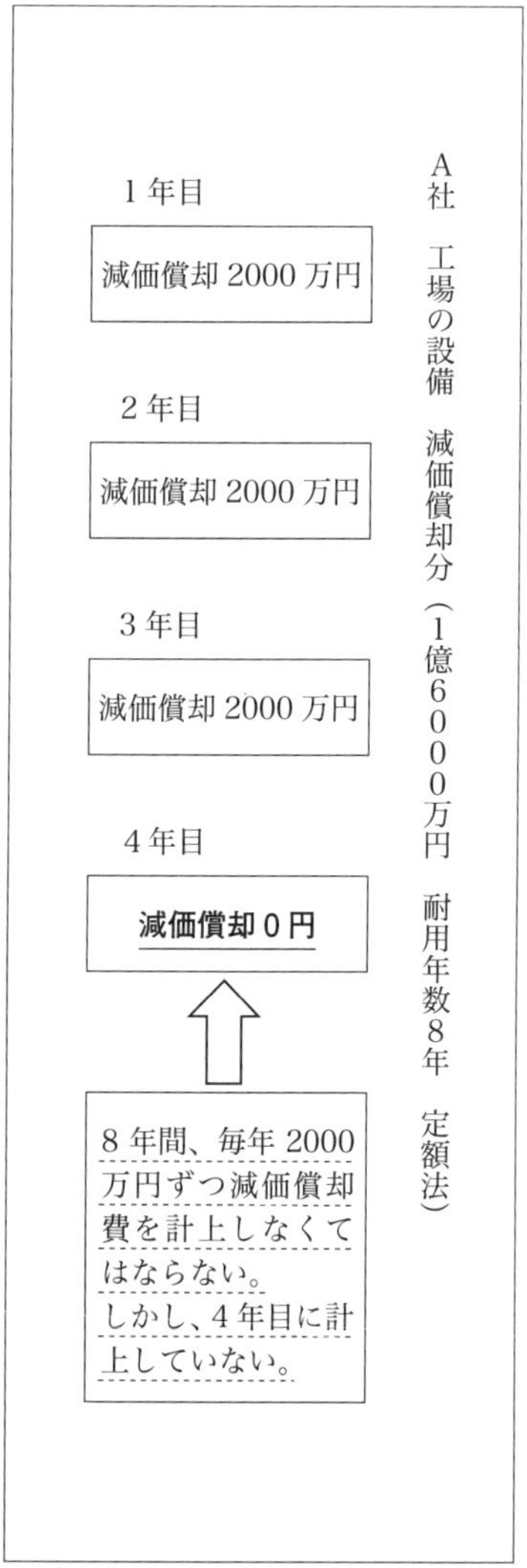

A社　工場の設備　減価償却分（1億６０００万円　耐用年数８年　定額法）

1年目

減価償却 2000 万円

2年目

減価償却 2000 万円

3年目

減価償却 2000 万円

4年目

減価償却０円

↑

8年間、毎年 2000 万円ずつ減価償却費を計上しなくてはならない。
しかし、4年目に計上していない。

決算書上で黒字になれば、ぱっと見はいいわけです。ところが、銀行員の目は節穴ではありません。本来は計上するべき減価償却を行っていないと分かると、この会社の場合は実質的に赤字に転落したと判断します。

本来行うべき減価償却を行っていないと、銀行員はA社の実態バランスシートでは、利益剰余金からその減価償却不足分を差し引いて記入。A社の決算書は黒字でも、実質的には赤字であると判断する。

私が担当した会社にも、実際に減価償却を計上していない場合が多く見られたのは、これをやらなくても税務上の問題はないということが原因なのだと思います。違法ではないからこそ、業績の良くない会社でよく行われているのですが、それは会社の財務状況としては健全ではありません。ましてや、赤字の会社もこの手法を使えば、決算書では黒字に見せることができる場合がありますから、会社の実態とかけ離れてしまいます。だからこそ、融資するかどうかを判断する際、減価償却をきちんと計上しているかを必ず見て、虚偽がないかをチェックするのです。

計上すべき減価償却を行っていない場合は、決算書の最終ページである「個別注記表」に「減価償却不足○○○円」として記載されています。ここに書いていれば、一目瞭然で分かります。

しかし、厄介なのはこうした記載が行われていない時です。現実問題として、減価償却不足分については記載していないケースもあります。中小企業庁の会計に関する検討会（平成23年3月28日）でもこの議題が話し合われていますが、現行法では減価償却不足の注記をしていなくても問題があるとは言えないとされています。

中小企業の会計に関する検討会　第3回ワーキンググループ議事要旨から一部抜粋

8.　固定資産について

「償却不足額は、金融機関に対しては直接的影響がある。金融機関の融資審査では、償却不足について、相当手間をかけて実態バランスに置き換えている。そのため、償却不足は決算書に最低限開示すべきであり、経営管理上も、経営者は償却不足額を認識すべきである。ただし、償却不足の注記が会社法の一般に公正妥当と認められる企業会計の慣行に当てはまるかは不明である」

「情報開示自体はいいことだが、会計処理に従っていないという注記をすることには違和感がある。そのような注記を制度化するのは会社法上難しいのではないか」

（中小企業庁ＨＰより）

このように現行法では問題なしとされているので、銀行員は勘を働かせて隠された真実を見抜かないといけません。

取得価額	期首帳簿価額	期中増加	期中減少	減価償却費	期末帳簿価額	償却累積額
20,581,000円	5,811,455円			851,960円	4,959,495円	15,619,266円
3,322,700円	5円			4円	1円	3,322,699円
794,000円	678,738円			53,198円	625,540円	168,460円
3,322,700円	231,142円			25,194円	205,948円	2,041,777円
369,000円		369,000円		24,000円	345,000円	24,600円
369,000円		369,000円		24,000円	345,000円	24,600円
364,000円		364,000円		30,387円	333,613円	30,387円
29,122,400円	6,721,340円	1,102,000円		1,008,743円	6,814,597円	

実際、私が担当した中でも、経営者が減価償却不足を認識しているのに、「減価償却は実施する必要がないはず」「担当の税理士が『個別注記表』を作っていない」と嘘をつかれたことが、何度もありました。銀行員は証拠を押さえて、その嘘を暴いていかなくてはならないわけです。

具体的にどのようにして探っていくかと言うと、まず貸借対照表の「固定資産」を見て、機械や設備などが2〜3千万円以上あると、当然、減価償却が生じているはずだと判断します。そこで、減価償却を行っている資産を一覧表にした「**固定資産台帳**」を、その会社の経営者に出してほしいと伝え、見せてもらいます。

固定資産台帳

管理番号	資産名	資産種類	取得日	数量	償却方法	償却率	耐用年数
1000	本社　家屋	建物	平成13年1月20日	1	定額法	0.046	22年
1001	本社　電気工事	建物付属設備	平成13年1月20日	1	定率法	0.319	6年
1002	本社　空調設備	建物付属設備	平成28年6月20日	1	定額法	0.067	15年
1005	本社　下水道	構築物	平成13年3月1日	1	定率法	0.109	20年
1006	サーバー(顧客管理)	備品	令和1年6月21日	1	定率法	0.400	5年
1007	サーバー(会計管理)	備品	令和1年6月21日	1	定率法	0.400	5年
1008	ソフトウェア（販売管理）	備品	令和1年9月7日	1	定率法	0.500	4年

固定資産台帳とは、会社が所有するすべての固定資産に関する情報を管理している書類で、法人の決算の際に提出が義務付けられていますから、基本的にどの会社も作成しています。この台帳には、固定資産ごとに「取得年月」「取得価格」「耐用年数」「本年分の償却費」「未償却残高」が書かれていますので、照合すれば減価償却不足があるかどうかが判明します。**「固定資産台帳」の提出を渋る会社もありますが、その場合、銀行員は減価償却不足の疑い濃厚の判定をします。**

ここまで読むと分かる通り、減価償却をきちんと行っている会社は評価される、つまり減価償却が多い会社のほうが良いと評価されるのです。

対策1 業績が下がった時の奥の手、減価償却方法を変更する

減価償却の方法には、**定率法**と**定額法**があり、対象物件にもよりますが、どちらかを選べるようになっています。定率法のほうが最初の減価償却額が大きく、だんだん小さくなっていきますので、業績が好調な会社は定率法を選択する傾向が高い傾向にあります。一方、定額法は毎年同じ金額の減価償却を行うため、当面の負担を抑えたい会社はこちらを選択することが多いようです。ここでは、定率法と定額法を上手に活用した、いわば裏ワザを紹介しましょう。

前年まで業績がうなぎのぼりだった会社が、今年から急に業績が悪化しました。これまでは減価償却の金額が大きくても、業績が良かったので黒字続きでしたが、今年からは利益が大きく減少してしまうので、何とかして費用を減らさないといけません。そんな時、固定資産の減価償却方法を定率法から定額法へ変更すれば、費用を抑えることができる場合があり

ます。

例を挙げると―

機械装置について

新品購入の場合
（取得価額　1,000万円　耐用年数　10年）
償却率　0.200

	未償却残高※	償却率	減価償却費	未償却残高
1年目	10,000,000	0.200	2,000,000	8,000,000
2年目	8,000,000	0.200	1,600,000	6,400,000
3年目	6,400,000	0.200	1,280,000	5,120,000

※償却率は耐用年数に応じて定められているため、変動しません。

今年度から定額法に変更した場合

未償却残高割合　5,120,000÷10,000,000＝　0.512
この0.512を定率法未償却残高表に当てはめると、経過年数は3年。
本来の耐用年数10年から経過年数3年を差し引いた7年が定額法の耐用年数となる。
耐用年数7年の場合の定額法の償却率は0.143なので、5,120,000円（未償却残高）×0.143＝732,160円定率法のままだと、今年は3年目に当たり、減価償却費128万円を計上しなくてはなりません。そこで、今年度から定額法に変更したところ、減価償却分128万円 ↓ 732,160円となり、今年度計上する費用を差額の約50万円減らすことができました。

つまり、減価償却を定率法と定額法のどちらにするかは、会社の状況によって選んだほうがよく、場合によっては上記のように途中で変更することも選択肢の一つです。実際に上場企業でも減価償却方法の変更は行われていますから、いざという時に活用するのも有効です。ただし、定率法と定額法を毎年頻繁に変更はできませんので、ここぞという時だけにしておきましょう。

減価償却方法には、どちらの方法を用いるか選べない資産もあります。建物及び付属設備、構築物、無形資産は定額法、工具器具備品や車両運搬具は定率法でしか計算できないと法定償却法で定められています。償却方法で迷ったら、随時、税理士など専門家に確認しましょう。

読者の中には、効果的な方法だけれど、これを実際に行うと銀行員から「この会社は業績が悪いから償却方法を変更したのだな」と判断されてしまうのではないか、融資の審査においてマイナスにはならないのか、気にされる方もいらっしゃると思います。しかし、税理士などの指示やアドバイスのもと、固定資産ごとに法律で許されている範囲の減価償却を行っている限り、融資の審査にはマイナスにはならないと考えられます。

また、この方法を用いる時のポイントとしては、取得してあまり年数が経過しておらず、金額が高い固定資産のほうが、大きな効果をもたらすことが期待できます。

対策2　決算を赤字にしたくない時は

会社によっては、例えば公共工事の入札基準を満たすためなど、どうしても赤字を避けたい事情もあると思います。現在、業績が低迷し、減価償却費用を計上すると赤字になる場合は、工場や倉庫を第三者に売却し、その第三者からリースする形をとる方法もあります。毎月、工場や倉庫の利用料を支払う必要がありますが、もし実際の売却額が簿価（これまでの減価償却**実施後の決算書計上資産額**）を上回っていたら、売却益が見込めて手元に現金が入ってきます。

対策①で例示に挙げた、購入から3年経過した機械を第三者に800万円で売却した場合は、以下のようになります。

第三者に売却した金額800万円－簿価532万円＝売却益268万円

この場合、機械を第三者に売却することで、減価償却費用を計上する必要がなくなった上、268万円がプラスとなります。さらに総資産のところで説明した通り、会社の総資産の圧縮にもつながりますので、総資産利益率が上がります。

ただし、3年前に機械を購入した時、一括払いにせず分割払いにして債務が残っていれば、売却した後も、一括返済しない限り、引き続き返済しなければならないことは言うまでもありません。

対策3　購入・リース・レンタルを上手に使い分ける

車やパソコン、機械設備など、固定資産となる物品が必要になった場合、購入以外に、リース、レンタルという方法があることを覚えておきましょう。

購入する場合は、最初に購入費用を用意しなければなりませんが、それは会社の資産となり、耐用年数に応じて減価償却する必要がでてきます。リースは使用期間に合わせて設定でき、所有権はリース会社にありますが、減価償却などを行う必要がなく、毎月のリース料を支払うことで利用できます。レンタルは、必要としている期間だけ借りる方法で、レンタル会社が所有しているものを借りますので減価償却などの必要がなく、レンタル料を支払うのみです。

必要な物が出てきたら、それぞれの料金などをよく調べて、ニーズに応じて使い分けるのが賢い方策だと言えます。

未払金

私が担当していた玩具メーカーの話です。決算書上は気になる点がなく、新規融資を行う前提で稟議を上司に出しました。数日後、その上司からこんな指摘があったのです。

「先日、この会社が銀行の窓口に期日遅れの源泉所得税の納付に来たのだが、税金の未払いがないか調べてほしい」

詳しく調査してみると、その会社には多額の税金の**未払金**があると判明しました。なぜ私が気づかなかったのかというと、本来なら源泉所得税は社員からの「預り金」として計上しなければいけないのですが、その玩具メーカーは**別名目で**計上をしていたのです。これでは決算書に数字が出てくるはずがありません。また、社会保険料も一部は計上されていましたが、数か月遅れで支払われており、長期にわたる未払金もありました。

この事実が判明し、融資する話は泡と消えてしまいました。銀行員が見ても分からないように、計画的に行われていたのだと思われますが、自分の調査能力の至らなさを痛感した出来事でした。

社会保険料や源泉徴収税は、社員や個人から会社が預かって、社会保険事務所や税務署に支払うべきお金ですから、それを会社の資金繰りで使うのは良識を問われる行動です。源泉徴収税を納期までに正しく納めないと延滞金などのペナルティが課せられ、督促されても納めない場合は会社の財産が差し押さえになります。もし融資を審査している時にこのような事実が分かったら、融資の話はその時点でなくなってしまうでしょう。

最近では、業績の悪い会社からの強硬な取り立て姿勢はよくないということで税務署や社会保険事務所の催促は控えめになったと聞いていますが、税金の未払いは経営者の資質を問われる、由々しき行為です。

私が経験した前述のケースのように、支払うべき税金などを滞納しているというのは言語道断です。

ですが、赤字を回避するために、さまざまな抜け道となっている手法があるようで、この章で説明した減価償却不足をあえて計上していないケースのように、他にも多くの会社で行っていたのが、社員給与の「未払金」を計上しないという方法でした。

そもそも銀行には社内資料として「取引先要項」（銀行によって呼び方は異なります）が

あり、融資先となる会社について必要な情報を記載するようになっています。会社の沿革、主力商品、主要な取引先、経営者の基本情報はもちろん、外注先への締め日はいつで、何カ月後の支払いか、なども書き入れる欄があります。そこには、社員給与の締めと支払いの時期についての項目もあります。

大抵の会社では、社員給与の締めは当月の20日か25日か月末、そして支払いは翌月の20日か25日などとなっています。つまり、今月が3月だとすると、社員給与は3月中に締めて、翌月に支払われるという仕組みです。

つまり、仮にこの会社の決算が3月末だとすると、社員が3月に働いた分の給与は4月に支払われますので、決算の時点では社員の3月分の給与はまだ支払っていない「未払金」として計上しなければなりません。

銀行員はこの会社の1人当たりの平均給与×社員数を計算して、その金額が未払金に入っているかどうかを注意深くチェックします。1人当たりの平均給与が30万円で月末締め、社員数が100人なら、合計3000万円が社員給与の未払金として計上されていないと、「これはおかしい、隠れ負債があるはずだ」と判断するのです。

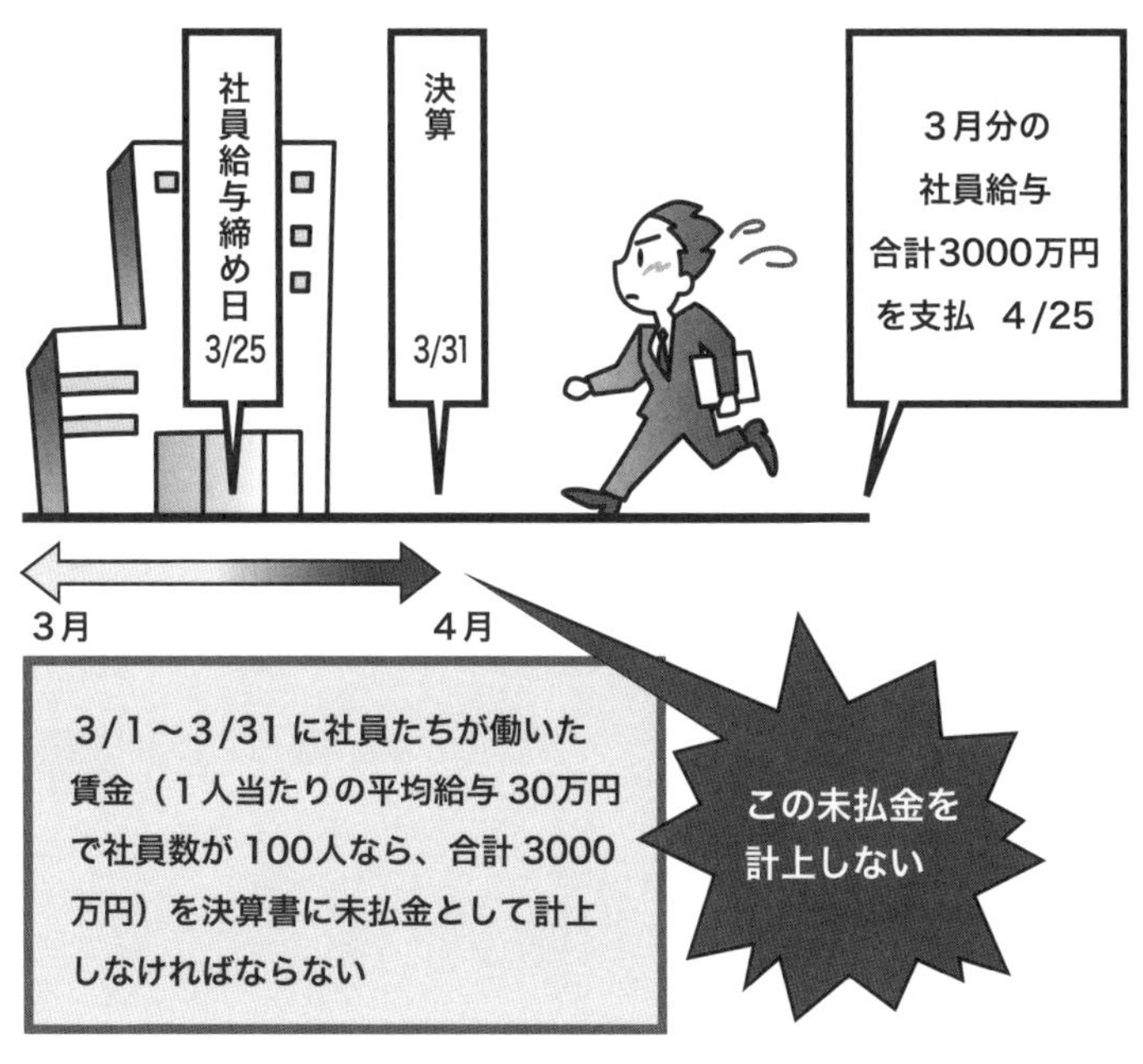
●社員給与が支払われるまでの流れ
社員給与締め日 3/25
決算 3/31
3月分の
社員給与
合計3000万円
を支払 4/25
3月
4月
3/1～3/31 に社員たちが働いた
賃金（1人当たりの平均給与 30万円
で社員数が 100人なら、合計 3000
万円）を決算書に未払金として計上
しなければならない
この未払金を
計上しない

「未払金」は、支払う金額が確定したのが決算直前の今期末であるならば、当然、経費として計上しなければならないものです。しかし、経費として計上すれば、それだけ会社の利益が薄くなり、下手をすれば赤字になってしまうかもしれません。そのため経営者の中には、赤字を回避しようと、あえて社員給与の「未払金」を決算書から省いてしまう人がいるのです。もしかしたら顧問の税理士に赤字を避けたいと経営者が相談すると、こんな方法がありますよと示唆するのかもしれません。

しかし、これに銀行員が気づくと、当然、実態バランスシートでは、社員給与の未払金を負債に計上し、利益剰余金からマイナスして計算します。社員給与の未払金は、社員数が多い会社ほど大きな金額になりますから、これを正しく計上することで、決算書では黒字の会社が実態としては赤字になることもあります。

未払金の対策マニュアル

対策1 社員への決算賞与を未払い計上するときの留意点

業績が好調だった場合、社員に特別ボーナスとして「決算賞与」を支給する会社は多いでしょう。その際、資金繰りの関係で決算期末に支給できず、翌月に銀行振込することにして「未払金」として計上する場合は、注意すべき点があります。

「未払金」として計上するための条件として、社員各々に支給額の通知をしていること、決算期末日の翌日から1カ月以内に支払うことが税務ルールとして定められているのです。よく税務調査では、社員各々に通知したかどうかをチェックすることが多いと言われていますので、後日速やかに確認できるよう、通知した書面をきちんと残しておきましょう。

対策2 経営者報酬による延滞未払いの解消

もし社会保険料、源泉徴収所得税などを延滞している場合は、銀行の観点から見ると、延滞の事実があることで、融資は極めて厳しくなります。どうしても資金がない場合の方法としては、まずは経営者の報酬のうちの一部を会社に貸付を行い、その資金で延滞を解消しましょう。

対策3 決算時期の4~5カ月前に数字の予想を出す

経営者が知っていながら社員給与を未計上にするのは、決算が近づいて赤字になってしまうことが分かり、慌てて何か方策がないかと探した末の、苦渋の決断でしょう。そうならないためには、決算時期の4~5カ月前から今期はどのような業績になりそうか、黒字か赤字かなどを予想して計算しておきましょう。その上で今からできることは何か、綿密な計画を立てて実行するのが賢い方法と言えるでしょう。戦略を立てて正々堂々と決算にのぞむ姿勢が、融資の可能性を高めることにもつながります。

前受金

前述した減価償却不足や社員給与の未払いと同じように、決算書上で正しく計上されていないことが多いのが「**前受金**」です。これはどういうものかというと、商品を渡したりサービスを行ったりする前に、事前にもらったお金のことです。新商品の発売日より前に支払ってもらった予約代金やそのお店で使えるプリペイドカード代金など、先に支払ってもらったお金のことを指します。最近人気が集まっている月払いのサブスクリプション料金も、翌月分の料金を前払いで支払ってもらう場合、受け取ったお金は「前受金」となります。

7月15日に発売予定の商品を、前月の6月から予約を受け付け、その時点で代金の支払いを求めたケースで考えてみましょう。

●正しく決算を行っている場合

単価1万円の商品を5000人が予約し、代金を事前に受け取った
1万円×5000人＝5000万円

●赤字を回避したい会社の場合

正しい財務処理としては、6月に入金された予約代金は「前受金」として計上し、発売して商品が引き渡しとなったらこの時に売上にします。従って、この会社の決算が6月末だった場合は、予約金の5000万円は「前受金」として決算書に出てきます。

しかし、会社の赤字を避けるために、図の下のような方法を行っている会社もあるのです。

前ページの図のように比較すると、どのタイミングで売上にしているか、その違いが分かるでしょう。これについても銀行員は抜かりなく見ています。

「前受金」の場合、すでにお金はもらっていますが、商品やサービスの提供はまだ行われていません。真っ当な方法では、事前にお金をもらった時は「前受金」で計上し、後で商品やサービスの受け渡しが行われた時点で、これを売上へと勘定科目を変えます。

しかし、赤字を回避したい会社の場合は、これを行わずに、事前に予約金を受け取った時点ですぐに売上に計上しているのです。このほうが一見、業績が良いように見えますから、経営者としては、「まぁ、手間もかからなくなるし、いいだろう」と気軽にやってしまいがちです。これが決算をまたいでいると、すぐに売上に計上したほうが利益も増えて黒字になりますから、手間も省いて利益も上がって一挙両得だと考えるのでしょう。この誘惑に駆られ、前受金にせずに売上として計上する経営者がいるのが実状です。

これについても、税務上、何か問題があるかと言えば、必ずしもそうとは言い切れません。「うちの会社はお金をもらった時で売上にするルールにしている」と言えば、おそらく税務署から認めてもらえるでしょう。

ただ、銀行員はシビアに見ており、融資の審査でこの会社の会計は適切ではないとみなし、実態バランスシートで前受金をマイナスする可能性がありますので、どこから突かれてもいいように、きちんとしておいたほうが安心です。

前受金の対策マニュアル

対策  2021年4月から始まった「新収益認識基準」を理解しよう

2021年4月、「新収益認識基準」により、前受金について基準が変更されました。商

品やサービスの提供が行われた実態を把握して会計処置を行わなければならないなど、経理担当者では対応できないほど複雑になりました。

簡単に言えば、日本がＩＡＳＢ（国際会計基準審査会）という国際組織の会計方式を採用して、公正でスムーズな企業間取引を実現するというものです。具体的に言えば、これまで売上を計上するタイミングが、納品時である会社もあれば、代金の支払い時である会社もありましたが、それをすべて統一して、ごまかしや瑕疵の無い会計処理を促しています。

しかし、内容は多岐にわたっており複雑なものですので、場合によっては税理士などからレクチャーを受け、何がどう変わったのか、今後はどういった点に気を付ければいいのか、真っ先に経営者自身が理解を深めておいても損はありません。

もし銀行員から、新収益認識基準における前受金について聞かれても、立て板に水で答えられるようにしておくと、「この経営者はちゃんと勉強しているな」と高く評価されます。

対策2　前受金の計上時期がもたらす恩恵

今月末に決算が控えていると、どうしても前受金を、現時点で売上に計上したくなるものです。その方が、売上額が増えて、いかにも儲かっているように見えるからだと前述しましたが、そのからくりはすぐにバレてしまい、良い印象はもたれません。しかし、背に腹は代えられない経営者の方もいるでしょう。そんな時は、考え方をちょっとだけ変えてみてください。

前受金は「負債」であって売上ではないので、決算時にそのまま計上すれば、消費税は適用されませんので節税につながります。決算が終了し、翌月に商品やサービスを提供すれば、その時点でようやく売上に計上されて、消費税が発生します。従って消費税の支払いは翌年の決算の後となります。

銀行員に売上の水増しで悪い印象を持たれるか、それとも健全な経営と同時に節税にも意識が高いと評価されるか、どちらを選ぶかはもうお分かりでしょう。

対策3 前受金はビジネスのリスク回避術

商品やサービスの提供前に現金を手にする、前受金の商取引は会社の経営上、経済的な安定をもたらすビジネスモデルです。基本的に資金繰りに余裕がなく自転車操業だという会社にとって、前受金が確実に支払われるビジネスは、常に会社の銀行口座に資金があることになり、資金繰りに余裕が生まれることになるでしょう。

また、前受金を受け取ってから商品を発注したり、生産したりできるので、いわば受注生産の形となり、売れない在庫をかかえることもなく、損金を減らすことにつながります。

では、どうすれば前受金を伴う事業形態に転換できるのでしょうか？

取引先と交渉して、事前に支払ってもらうという手もあるかもしれませんが、それは有能なネゴシエーターでもなければ難しいでしょう。

そこでぜひ実践してほしいのが、インターネットを活用したサブスクリプション・ビジネスです。インターネットでも、「物販」いわゆるeコマースは、もはや飽和状態ではありますが、サブスクリプション・ビジネスはまだ黎明期にあり、今後、爆発的に増えていくと言われています。毎月決まった金額を支払うことで、音楽を聞くことができたり、動画の配信を受け取ったりするものですが、中には電動歯ブラシの本体を貸し出し、取り換え可能なブラシ部分だけが3カ月に一度送られてくるというものもあります。ミストシャワーのヘッドを、月々安価な料金でレンタルもできます。そこでサブスクリプション・システムと親和性のあると思われる商品を見つけ、動き出してはいかがでしょうか。

前受金を上手く活用して、会社の資金繰り改善に役立ててください。

生命保険料

融資を審査する銀行員へのアピールとして、世間一般にあまり知られていない独自の虎の巻としてぜひお伝えしたいのが、法人契約の**生命保険**を一覧表にして提出することです。

生命保険は、入院や手術、死亡保険金など治療費の補償を主目的とするものなのですが、ここで活用する法人契約の生命保険はその目的に加え、運用も考えて補償は最小限にとどめた貯蓄型の保険です。会社の損金算入ができるので節税効果がある上に、解約返戻率がピークの時に解約すると、保険料として支払った金額に近い保険金が戻ってきます。要するに、お金も増えて会社の節税にもなるので、加入しておけば得をするというわけです。こうした生命保険に入っておくと、銀行員はこの会社には「含み益」があると判断します。含み益とは、売却などを行った場合に利益が生じる金額のことです。まだ現実にはなっていませんが、売却したら会社に入ってくる予定のものです。

実際に私の会社では、解約返戻金のタイミングが分かる表を作成しています。そのノウハウを公開しましょう。

次頁の表で**網掛けになって**いるのが、**解約返戻金のピーク時**です。どのタイミングで解約返戻金がピークになるかは、保険商品の内容や被保険者の年齢、契約日などによって違います。以前は会社が儲かっている時には、節税対策として法人契約で保険に加入するというのが常套手段でした。昔は保険料が全額損金処理でき、経費として計上できるものが多かったからです。

しかし、法人税の基本通達が改正され、2019年7月8日以降の保険契約は損金算入ルールが変更されました。これによって節税効果は薄くなり、私の会社で最近契約した保険契約では損金処理できるのは最大4割にとどまっています。それでも含み益を作る有力な手段であることは間違いありません。

	解約時の返戻金のうち益金部分				
	2021/3	2022/3	2023/3	2024/3	2025/3
	200,000	500,000	1,200,000	1,300,000	1,400,000
	900,000	1,100,000	1,200,000	1,10,000	1,000,000
	200,000	550,000	500,000	450,000	400,000

銀行員に「当社は法人契約の生命保険に入っていますよ」と口頭で伝えるだけでなく、解約返戻金を記載した保険の一覧表を作成して渡しましょう。すると、銀行員はあなたの会社の実態バランスシートに、生命保険の解約返戻金による含み益をプラスするでしょう。

また、法人契約の生命保険は、以下の二つの活用法もできます。

1 会社の業績が下がった時、保険を解約して返戻金をプラス分として補充する

↓こうすればこれまで払い続けた保険料がもたらす含み益で、赤字を避けることができるかもしれません。

2 経営者の引退時に、勇退退職金にあてる

↓経営者自身が自分の退職金を準備することができます。また

法人契約の生命保険一覧表

保険会社	被保険者	保険種類	契約日	
日本生命	田中次郎	がん保険	2011/4	
ソニー生命	鈴木秀樹	長期保険	2013/8	
第一生命	上田敏郎	がん保険	2015/10	

会社からお金をもらわなくても、保険の名義を変える方法でも十分な退職金となります。経営者以外でも、役員の退職金にあてることも可能です。長期間にわたり経営者を務めた場合、退職金の用意がなければ、多額の退職金を会社から支払うことで一気に大赤字になり、財務内容が急激に悪化することが考えられます。退職金の支給と保険の解約を同じ決算期に行うことで、赤字を避けることができるのです。

融資において銀行へのアピールになったり、赤字を回避する後押しになったりなど、法人契約の貯蓄型生命保険は使い方次第で、困った時の強い味方となります。

生命保険の対策マニュアル

対策1 法人契約の貯蓄型生命保険がある場合は、早急に一覧表を作成しよう

会社の含み益となっている法人契約の貯蓄型生命保険があることは、黙っていたら銀行員はまず気が付きません。大いにプラスになる要素なので、一覧表にして満を持して渡しましょう。

対策2 業績が良い時に、退職時の準備を

儲かっている時は、交際費を増やしたりするより、法人生命保険に加入し、含み益を増やしましょう。数年後に事業の転換が必要な場合や、何年後かに経営者自身が退職金を受け取る時、保険の解約返戻金があれば赤字が避けることができます。法人型の貯蓄型生命保険は、何年後にいくらになるのかが明確に数字として示されている、リスクが少ない投資です。

対策3 解約返戻金の勘定科目にポイントあり

解約した際の保険返戻金をどこの勘定科目に入れるかによって、銀行が重視する指標の数字が格段に良くなることがあります。

通常、保険返戻金は営業外収益の雑収入に計上しますが、こうしてしまうと、経常利益率が良くなるにすぎません。できれば**銀行が評価するもう一つの指標である**営業利益率も高めにしておきたい数字です。

そこで、同じ会計年度で、保険を新規で契約したり、既存の保険が残っていないかを確認しましょう。こうした保険の支払いがあったら、この保険料の合計から、保険返戻金を充当して経費となる金額を減らすという方法もできるかもしれません。

こうすれば、銀行が重視する指標の一つである営業利益率もアップできます。

（経常利益や営業利益については、128ページの「財務諸表に表示される4つの利益」を参照ください）

銀行から見た場合、保険料の支払いが節税対策だと分かっていれば、この会計処理には理解を示すはずです。ただし、これもよく顧問税理士と相談の上、対応してください。

前期決算書との比較

銀行員は前期の決算書と丹念に見比べて、この勘定科目はこんなに増えた、こっちの勘定科目は減っているなど、「何が変化したか」に注目しています。決算書の数字の変化こそが真実を知る唯一の手がかりであり、大げさなようですが、いわば銀行員は「数字の変化」を追跡する「経営の探偵」と言っても過言ではありません。

とは言っても、ドライにすべて数字だけで判断するわけではありません。決算書の数字と数字の間に感じられる、経営者の理念や情熱をも銀行員は汲み取り、数字に表れない健全な経営姿勢も、当然ながら評価しています。

ただ何度も言うようですが、だからと言って決算書を銀行員がどのように見ているのかを知らなくていいわけではありません。銀行員の融資における判断材料のほとんどは、決算書の数字であることを、きちんと理解しておくと銀行員の対応も確実に変わってきます。

融資にあたって3期分の決算書を求めるのは、会社の「数字の変化」と「リアルな財務状況」を解き明かす大切な資料だからなのです。3年間の決算書を比較することで、数字の変化が如実に分かります。それは、毎年受診する定期健康診断と似ています。

例えば、3年続けて経営指標が悪化している項目は、今後も下がり続けるのではないかと予測できますし、逆に3年連続で良くなっていると改善の成果ありと判断します。今期の決算書に並んだ数字よりも、前期、前々期からの変化を見て会社を総合的に判断するのです。

その中で、会社の事業が効率的に運営されているかどうかを把握する上で、最も重要視するのが、**経常利益率**の変化です。銀行員が会社の収益性を判断するための経営指標は、主に次の4つです。

・売上高
・売上高総利益率（粗利）
・営業利益率
・経常利益率

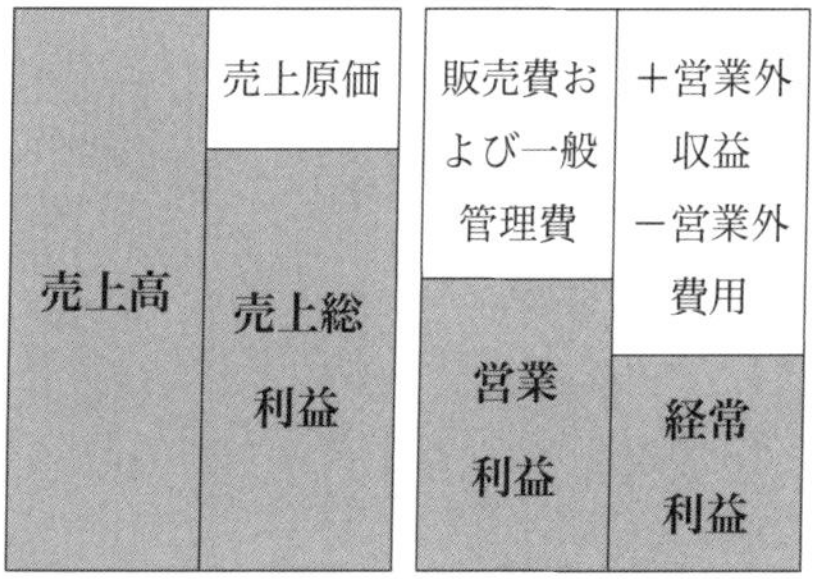

経常利益とは、次の表からも分かる通り、売上高から売上原価と販売及び一般管理費、営業外の収益や費用を差し引いたものです。この会社が事業において得た収益を表します。

財務諸表に表示される４つの利益

売上高

売上原価

売上総利益

販売費および一般管理費

営業利益

＋営業外収益
－営業外費用

経常利益

経常利益＝売上－（売上原価＋販売及び一般管理費－営業外の収益・費用）
経常利益率＝経常利益÷売上高×１００

業　種	経常利益率
建設業	4.88%
製造業	4.43%
情報通信業	5.64%
運輸業、郵便業	3.25%
卸売業	2.10%
小売業	1.20%
物品賃貸業、不動産業	8.99%
学術研究、専門・技術サービス業	6.47%
宿泊業、飲食サービス業	2.61%
生活関連サービス業・娯楽業	2.13%

中小企業庁「令和元年中小企業実態基本調査報告書」

売上高が1億円で経常利益が３００万円だと、経常利益率は３００万円÷１億円×１００＝３％となります。経常利益率は、会社がどれくらい儲ける力があるのかを知るための指標です。

この数字を見るにあたっては、業種に応じた判断が必要です。中小企業庁が発表している実態調査によれば、平均経常利益率は業種によって上のように数字に違いあることが分かります。

不動産業の8・99%と小売業の1・20%では平均経常利益率に開きがあり、同じ業種の中小企業と比較しないと正しく判断できません。この会社がどの業種なのか選定を間違ってしまうと誤った評価になるため、銀行員は経営者によく聞いて慎重に業種を定めるようにしています。

では実際に、銀行員が会社の経営指標を見るにあたって行っている、具体的なプロセスをご紹介しましょう。

まず銀行員は担当している会社から決算書を受け取ると、それを銀行内の財務データ担当部署に送ります。その部署でデータとして入力され、数日後、銀行書式にしたその期の決算書が過去の決算書の数字と比較できるようになって、手元に届きます。この時、過去からの経常利益率の推移についても、経営指標の一つとして表示されています。

この経常利益率などの経営指標を見るにあたって参考にするのが、それぞれの銀行が全国で取引している同業種の会社の決算書を集計した独自データと、経済産業省等が公表する業種別の公開情報です。各支店の銀行員が集めた決算書によって、逐次、最新データに更新されていますので、リアルな情報の宝庫と言えるでしょう。その会社の経常利益率が良いのか悪いのかは、同じ業種の平均値と比較し、上位から見てどの程度の位置にあるのかを確認し、判断するのです。

もちろん全国平均の経常利益率より下回っている場合は、儲ける力にやや難があると分析され、融資に対してもネガティブな評価につながりますが、前述したように、だからと言って悲観せずに経常利益率をアップしようと努力していれば、銀行員も悪くは捉えません。「経常利益率が低いことは承知しているので、改善しようと努力中である。具体的には…」と説明が可能であれば、融資が受け入れられる可能性が出てきます。

定期健康診断で体脂肪率の高さが指摘されても、努力の末に改善していればドクターも前向きにとらえるように、銀行員も経営改善の努力に対しては素直に認めるものなのです。

要は決算書の内容をできるだけ詳細に把握し、どこが強みでどこが弱みなのかを、知っておくということが大切です。

経常利益率の対策マニュアル

対策1 経営者が身を切る姿勢を示そう

決算期の数カ月前に、今のままでは経常利益率が悪化しそうだと分かったら、手っ取り早くできることとしては、経営者の報酬を一時的に下げることです。経営者の報酬は、臨時株主総会を開いて決定すれば途中で下げることも可能です。金額として大きいものを下げると、経常利益率も上がります。こうした姿勢を示すことで銀行員にも経営者としての熱意が伝わって、プラス評価になると思います。

対策2 社員に理解を求め、経費削減を

経常利益率を上げるには、売上をアップするか、売上原価を引き下げるか、経費を下げるかの三つしか方法がありません。売上アップは日頃から血のにじむような努力で取り組んでいるでしょうし、売上原価を下げることも仕入れ先の会社との交渉が必要なので、すぐには

難しいでしょう。三つの中で最も早急にできることは、経費削減です。厳しい状況を乗り切るまではがんばってほしいと社員に協力をあおぎ、賞与・福利厚生・会議費の圧縮など、できるだけ経費を引き締めましょう。

対策③ テレワークの推進

社員の待遇にも影響する対策②は取りにくい、取れたとしても限定的ということもあるかもしれません。その場合の方策としては、テレワーク化の推進があります。対面販売、対面サービスを中心とした企業では難しいですが、営業系・管理系スタッフだけでも推進してみましょう。

テレワークに切り替えて、出社する社員を減らすことで、オフィス家賃を削減することが可能となります。そして、もう一つのメリットがあります。通勤交通費の削減です。ここだけの話ですが、私の会社は2020年2月に全社テレワークに移行し、1カ月の通勤交通費が100万円以上（年間にすると1200万円以上）削減できました。

テレワーク推進によって、業務のデジタル化も進みますので、銀行の評価にもつながります。ぜひ検討してみてはいかがでしょうか。

キャッシュフロー

売上が伸びて業績好調だった会社が、ある日突然倒産した、という話を耳にしたことがあるでしょう。儲かっていて黒字なのになぜ?と思うかもしれませんが、これが「黒字倒産」です。会社は決算書上で赤字であってもすぐに倒産するわけではありませんが、現金がショートすると仕入れの代金の支払いや借入金の返済などが行えなくなり、たちまち倒産してしまいます。

どうしてこうした黒字倒産が起きるのかというと、ＢtoＢ（企業間取引）の多くの場合、商品またはサービスを提供してから請求書を送り、実際に代金が支払われるのは翌月か、翌々月なのでタイムラグがあります。その間、帳簿上では売掛金となっていますが現金は入って来ませんから、会社は手元にあるキャッシュで、さまざまな支払いなどを行っていかなければなりません。ここでキャッシュがなくなり、その資金が融資などで調達できないと、売上は計上されているのに、支払いができなくなり、不渡りを出すなどして黒字倒産してしまうのです。

東京商工リサーチの調査によると、２０２０年に倒産した会社３４０社のうち、46・８％

が黒字の会社でした。実に半分近くが黒字倒産という、意外な現実が浮かび上がってきます。会社が黒字なのに倒産という最悪の事態にならないために、ポイントとなるのが**「キャッシュフロー」**です。キャッシュフローとは、会社における現金の流れのことを指します。

実際に私が接した経営者の多くが、会社が黒字か赤字かはとても意識していましたが、キャッシュフロー（会社が事業で現金を生んでいるかどうか）は、ほとんど気にしていませんでした。むしろ、キャッシュの流れの重要性を全く理解していなかったのです。

そのため、「売上がアップして今期は黒字」と話す経営者から決算書を見せてもらうと、売掛金ばかりが増えている一方、会社のキャッシュが大きく減りカツカツ状況であることも少なくありませんでした。このままだと入金になっていない分を埋めるために、融資を銀行にお願いしなくてはなりません。

常に借入金をきちんと返済していて、売掛金を回収するまでの期間が変わらず、売上高が増えていれば、堅実な運転資金の融資として、銀行も検討するでしょう。ところが、売上高が増えていないのに売掛金を回収するまでの期間が長期化していたり、大きな取引先の回収が不能となって突発的に支払い不能になっていたりすると、もはや救済できない状態に陥ってしまいます。もし黒字倒産ということになれば、銀行としてはその会社に融資した金額が焦げ付いて返済してもらえなくなると考えます。つまり、キャッシュの流れを把握していないと、不測の事態が起きたら明日にも倒産するリスクがあるとみなされて、融資において大きなマイナスとなるのです。

銀行員は実態バランスシートを作成するときに、同時にその会社のキャッシュフロー計算書を作って、念入りに分析します。

仮にレストランを営んでいるA社の事例であてはめてみましょう。「営業活動によるキャッシュフロー」は、中心的な事業であるレストラン経営におけるお金の出入りを示し、いくらの利益を生み出しているのかを記しています。この場合、本業から得た収入（**税引前当期純利益**）はトータルで200万円のマイナスとなりました。以下がそのキャッシュフロー計算書です。

※直接法と間接法の2種類がありますが、ここでは損益計算書から容易に作成できる間接法を用います。一般的に銀行員が作るキャッシュフロー計算書も間接法を採用しています。

レストランA社のキャッシュ・フロー計算書（間接法）

区分		金額
① **営業活動によるキャッシュフロー**		
税引前当期純利益		－ 2,000,000
減価償却費		＋ 1,000,000
売上債権の増加		－ 300,000
棚卸資産の増加		－ 300,000
仕入債務の増加		＋ 100,000
法人税等の支払い		－ 100,000
営業活動によるキャッシュフロー	合計	－ 1,000,000
② **投資活動によるキャッシュフロー**		
有形固定資産の購入		－ 2,500,000
有形固定資産の売却		＋ 500,000
有価証券の購入		－ 100,000
有価証券の売却及び満期償還		＋ 100,000
投資営業活動によるキャッシュフロー	合計	－ 2,000,000
③ **財務活動によるキャッシュフロー**		
借入金の増加		＋ 6,000,000
借入金の返済		－ 1,500,000
財務活動によるキャッシュフロー	合計	＋ 4,5000,000
④ 現金及び現金同等の増価額		＋ 1,500,000
⑤ 現金及び現金同等期首残高		1,429,866
⑥ 現金及び現金同等期末残高		2,926,866

本業による現金の出入り

投資の状況

銀行からの融資や返済

「営業活動によるキャッシュフロー」は、売上や仕入、経費の支払などを反映したもので、会社の本業でどれだけのお金を稼いでいるかを表します。この決算期は、減価償却費用の負担等も相応にあり、100万円のマイナス（赤字）となりました。

「投資活動によるキャッシュフロー」は、設備投資等により、いくらのキャッシュを支出したか、固定資産や有価証券の売却等によっていくらのキャッシュが入ってきたかを示す情報です。この表では、設備投資を行ったことで、200万円のマイナスとなりました。

「財務活動によるキャッシュフロー」は、銀行からの借り入れや返済です。他の2つのキャッシュフロー項目がどちらもマイナスの場合、手元のお金が不足しないように借入で補うことが必要となってきます。A社は600万円の銀行借入等を行ったので、トータルで450万円のプラスとなりました。

このような表にすることで、キャッシュの流れと増減した理由を分かりやすく把握することができます。

銀行員がキャッシュフロー計算書からチェックするのは、例えば、売上の大幅な拡大がない会社が、前期決算の去年3月末にキャッシュが1億円あったのにもかかわらず、今期決算の今年3月末にキャッシュが3000万円へと大幅に減っている場合、内部で何か不測の事態が起きているのではないかと予測するためです。

売上金額が横ばいなのにキャッシュが著しく減っているのは、売掛金の回収が滞っていたり、利益率が大きく悪化していたり、売上を維持する必要経費が急上昇していたりなど、会社の業績が低迷する兆候が表れている可能性があります。銀行員はそれを経営者に質問し、重点的に目を配ります。

ところが、大半の経営者は**ある程度の安定的な売上高と利益額があるとそれだけで業績は問題ないと安心してしまい、**キャッシュフローをほとんど見ていないので、銀行員が質問してもピンと来ないことが多いのが実状です。なぜならキャッシュフローは決算書にないものなので、把握できないからです。自社のキャッシュフローを知りたいなら、コストはかかりますが専用ソフトを活用するのも効果的でしょう。

実際にキャッシュフロー計算書を見ることで、今の会社の状況を客観視することができると思います。もしくは、担当の銀行員に「うちの会社のキャッシュフロー計算書を見せてほしい」と頼めば、上場会社は提出が義務付けられているスタンダードな書類ですから、参考に見せてくれるかもしれません。

キャッシュフローは、血液の循環によく例えられます。人間もどんなに見た目がキレイでも、体内の血液がきちんと流れてなかったら体調不良になったり、突然死するリスクが生じたりします。これと同じように、会社も売上が順風満帆で景気が良さそうに見えても、内部でキャッシュフローが枯渇していたら、現金が不足して支払いができなくなり、倒産するかもしれないのです。そう考えると、銀行からの融資は血液を補うための「輸血」とも言えるでしょう。

キャッシュフローの対策マニュアル

対策1 入金までの期間を早めよう

取引先からできるだけ早く支払ってもらえるように、回収を早める取り組みを積極的に行いましょう。売上の大きさや利益率アップと同じように、入金までの期間を早くすることも健全な経営には重要です。会社のキャッシュフローを改善すると、資金繰りにもゆとりが生まれます。

それでも支払いを先延ばしにする取引先が、早目の支払いを受け入れなければ、取引をやめることも視野に入れてはいかがでしょうか。長いスパンで考えれば、そのほうが結果的に経営の強靭化につながるはずです。

対策2 でんさい、ファクタリングの利用

「でんさい」(電子記録債権)、「ファクタリング」という言葉を聞いたことがあるでしょうか？　どちらとも、債権を譲渡することで支払期日前に資金が受け取れる方法です。

「でんさい」とは、いわゆるネット上において決済をするデジタル電子手形のことで、企業間で支払われる売掛金を管理する仕組みのことです。このシステムを活用することで、支払いが2カ月先の約束手形を銀行が早い日付で支払ってくれます。ただし、これを活用するには、取引する双方の会社が「でんさい」に申し込んで利用契約を結ばないと利用できません。従って取引先の会社と相談の上、進めることが必要です。

また、「ファクタリング」は、売掛金を支払い日よりも前に立て替えて支払ってくれるものです。このシステムのメリットは、売掛金を支払ってもらいたい会社が申し込めば契約できるので、「でんさい」よりも簡便です。デメリットは手数料が2社間のファクタリングは売掛金の10〜20％と割高となっている点です。

「でんさい」、「ファクタリング」ともにメリットとデメリットがありますが、キャッシュフローの改善に効果のある方法です。

対策3　決算時にキャッシュフロー計算書も作成しよう

「貸借対照表」「損益計算書」「キャッシュフロー計算書」は、会社の経営状況を客観的に数値で把握するための「財務3表」と呼ばれています。非上場の会社は決算時に提出することは義務付けられていませんが、自主的に作成すると会社のキャッシュの流れをつかむことができます。これがつかめれば、会社の成長を促すには、何を改善すれば良いのかが分かってきますので、ぜひ実践してほしいと思います。

銀行から融資を受けるための実践編

銀行では取引のあるすべての会社を「**信用格付**」して、この会社にお金を貸すかどうか、貸す場合は金利をどのレベルで設定するかを決めています。この「信用格付」によって、融資をするかどうかが決定するのです。

経営者にとっては、融資にあたっていろいろ調査され、さてどうなるかまな板の鯉状態にされた上、有罪か無罪かを決め付けられるようなもの。結果が出るまではどうなるか、胃の痛む思いをすることでしょう。それでも融資が通れば良し、駄目ならば銀行の対応に腹を立てるのも分からないでもありません。それだけ信用格付は、経営におけるデータのみに終始し、判断されるものなのです。

信用格付のベースとなるのは、金融庁の検査官が金融機関を検査する際の手引書「金融検査マニュアル」の「債権分類基準」に則っています。これはあくまで分類の基準であって、格付自体は銀行独自に判断します。

ただ2019年12月に金融庁は、過去のデータだけで格付を行うことで金融取引が停滞しては本末転倒であるとアナウンスし、「金融検査マニュアル」を全面廃止して、各企業の将来性まで考慮しつつ、格付を行うように伝達しました。

しかし、各金融機関で行われている信用格付の仕組みは、今もほとんど変わっていないのが実情です。債権分類基準に基づいた銀行の信用格付は、以下の5つに区分されています。

銀行が行っている信用格付

債務者区分	定　義
正常先	財務内容が良好で、事業環境等が変化した場合、債務履行に問題がない。
要注意先	業況、財務内容に問題があり、債務履行状況に支障をきたす懸念がある。
破綻懸念先	経営難の状態にあり、今後経営破綻に陥る可能性がある。
実質破綻先	深刻な経営難にあり、実質的な破綻状況に陥っている。
破綻先	法的・形式的な破綻の事実が発生している。

「正常先」は問題ありませんが、「要注意先」以下は何らかの問題があることを表しています。融資を受けるという視点で見た場合、「要注意先」まではなんとか銀行から貸してもらえる可能性があります。そのお金が会社にとって必要不可欠であり、銀行が支援しようと考えれば追加融資の道も開けるでしょう。

しかし、「破綻懸念先」以下に区分されてしまうと、新しく融資を受けることはまず難しいと言えます。銀行はこの会社にお金を貸し出すと返済してもらえない可能性が濃厚と考えていることを示唆しているので、この区分に絶対に入らないようにしないといけません。

銀行は1年に1回、決算書をもとに各会社の実態バランスシートを作成し、前述の五つの区分のうち、この会社がどこに位置づけられるかを決めます。この信用格付によって、融資の判断や条件なども決まるのです。

融資が困難な「破綻懸念先」に区分されないようにするため、最も注意すべきことは債務超過にならないことです。債務超過とは、貸借対照表の右側にある「純資産の部」がマイナスになることを指します。これは赤字額が積み重なって、資本金や利益剰余金などを割りこんでしまった状態です。こうなってしまうと早急に対応しないと、間違いなく「破綻懸念先」に区分されてしまいます。銀行から融資を受けるのは難しくなりますので、どうにかしなくてはなりません。

この章では、銀行から融資を受けるための実践編として、経営者が早急に取り組むことができる「すぐにできること」、1年以上の長期間かけて行う「じっくり取り組むべきこと」の2つに分けて、実用的な方法を解説します。

経営者から会社への貸付金を資本金に変えよう

先ほど説明した債務超過になっている場合、勘定科目を変更するだけでこの状況を改善できる方法があります。それが、経営者個人が会社に貸しているお金を資本金に振り替えることです。純資産の部がマイナスになっていると、すぐに資本金を増やすしか、ここをプラスにすることはできません。

そこで経営者からの貸付金を資本金にすれば、日数を要さずにできる上、まとまったお金を改めて用意する必要もないのです。では、実例で見てみましょう。

現在の決算書では…

負債の部	
買掛金	50,000,000
未払金	4,000,000
前受金	500,000
預り金	1,000,000
長期借入金	5,000,000
負債の部合計	60,500,000
純資産の部	
資本金	10,000,000
資本準備金	500,000
利益剰余金	▽12,000,000
純資産の部合計	▽1,500,000
負債・純資産部合計	59,000,000

長期借入金５００万円のうち３００万円は、経営者から会社への貸付金です。今の決算書では、純資産の合計がマイナスとなり、債務超過になっています。

そこで、経営者からの貸付を資本金に振り替えると…

負債の部	
買掛金	50,000,000
未払金	4,000,000
前受金	500,000
預り金	1,000,000
長期借入金	2,000,000
負債の部合計	57,500,000
純資産の部	
資本金	13,000,000
資本準備金	500,000
利益剰余金	▽12,000,000
純資産の部合計	1,500,000
負債・純資産部合計	59,000,000

貸付金だった300万円を資本金に振り替えることで、資本金は1300万円となりました。すると、純資産の合計は150万円のプラスとなります。つまり、経営者からの貸付金

を資本金へと勘定科目を変更することで、債務超過を免れることができたのです。

このようにすれば、会社の借入金も減りますし、純資産の部がプラスに転じ、良いこと尽くしです。経営者個人が会社にお金を貸していることはよくあることですから、この方法を知っておくと、債務超過に直面した時、危機を脱することができる救いの手になるかもしれません。また、経営者からの貸付金を資本金に振り替えるのは、経営者がＯＫすれば簡単にできることです。決算書を見て純資産の部が少なくなっていたら、早めにこの方法を行いましょう。

銀行に業種を変更してもらう

先ほど、格付の中で述べた通り、銀行は同業者との比較において、さまざまな経営指標を比較し、取引先の財務内容の評価をしていきます。

ちょっと考えていただきたいのですが、もしある会社が行っている事業の業種が不動産賃貸業なのに、銀行での登録業種が不動産仲介業になっていたら、どうなるでしょうか？　不動産仲介業は、不動産を保有していないケースが多いので、借入金はあっても少額でしょう。しかし不動産賃貸業であれば、ビルを保有している場合も多く、売上高の何倍もの借入金があっても珍しくありません。従って、不動産賃貸業なのに、不動産仲介業に登録されていれば、その会社は異常なほどの借入過多と判断されてしまうのです。

会社は、設立から年月を経ると、事業も大きく変わってくるものです。多角化に取り組み、複数の事業を行っていることもあるでしょう。ところが銀行は、何を隠そう、取引をスタートした時点で登録した業種のままで会社を判断していることも多く、業種を変更することにあまり頭が回りません。

もしかしたら、あなたの会社も銀行は実際の事業とは異なった業種登録のまま、間違った経営指標で判断されている可能性もあります。現時点で一番比率の高い事業と合っているかを確認し、違っていたらすぐに銀行に見直しを求めてみましょう。

雇用調整助成金の勘定科目を変更する

新型コロナウイルス感染症などの影響を受け、雇用の維持を図るために社員へ支給した休業手当や賃金の一部を国が助成する「**雇用調整助成金**」を受け取った会社は多いでしょう。決算の際、これをどの勘定科目に入れるかによって決算書の数字が変わり、融資にあたって有利になります。

多くの会社は国から支給された雇用調整助成金を「雑収入」の科目に入れていると思います。しかし、雇用調整助成金によって休業手当や賃金の一部を受け取り、支払うべき人件費を減らすことができたわけですから、最初から人件費の金額から差し引く計上方法も理に適うと言えます。これも実例で見てみましょう。

雇用調整助成金を雑収入にした場合

損益計算書		
科　　　目	金	額
売上高		30,000,000
売上原価	20,000,000	
売上総利益		10,000,000
販売費及び一般管理費	11,000,000	
営業利益		▽1,000,000
営業外収益		**3,000,000**
営業外費用	500,000	
経常利益		1,500,000
特別利益		200,000
特別損失	200,000	
税引前当期純利益		1,500,000
法人税、住民税及び事業税	500,000	
当期純利益		1,000,000

営業外収益のうち200万円は、「雑収入」に計上した雇用調整助成金

この時、営業利益（本業で得られた利益）はマイナスになりました。営業利益についての説明は、第3章の128ページにある図を参照して下さい。この営業利益を売上高で割った数値である「営業利益率」は、会社を評価する経営指標の一つであり、当然、銀行員は融資にあたっての判断材料にします。

実は雇用調整助成金の勘定科目を変更することで、営業利益赤字からの脱却ができる場合があるのです。

そこで今度は、雇用調整助成金をあらかじめ人件費から差し引いた計算書にしてみましょう。

人件費からあらかじめ雇用調整助成金を差し引いた場合

損益計算書		
科　　　目	金	額
売上高		30,000,000
売上原価	20,000,000	
売上総利益		10,000,000
販売費及び一般管理費	900,000	
営業利益		1,000,000
営業外収益		**1,000,000**
営業外費用	500,000	
経常利益		1,500,000
特別利益		200,000
特別損失	200,000	
税引前当期純利益		1,500,000
法人税、住民税及び事業税	500,000	
当期純利益		1,000,000

人件費から雇用調整助成金200万円を差し引く

雇用調整助成金の勘定科目を変更したことで、**営業利益がプラスに！**

営業利益がプラスになると、銀行員からの評価アップにつながります。これはあまり知られていない情報だと思いますから、役立てていただければと思います。

銀行員との付き合い方風林火山

担当である銀行員との付き合いも、今からすぐにできることだと思います。融資にあたってどのようなことを踏まえればよいのか、以下の三つの鍵を踏まえましょう。

① 銀行員とは胸襟開いて仲良きこと旧友のごとし

担当者によって性格も力量も全然違い、同じ銀行でもこんなに違うのかと思うくらい、個人差があるのが実状です。銀行では不正や癒着を防ぐため、一般的に約3年ごとに担当が変わります。どんな人が担当になるかは選ぶことができませんから、あなたの会社のために一生懸命にやってくれる銀行員と巡り合ったら、確かな信頼関係を築くようにしましょう。

経営者の味方になって対応できる銀行員かそうではないかの見分け方は、経営者が融資の相談をした時にポイントを絞って質問してくるかどうかです。融資できそうか否かを、その場である程度伝えることができ、難しい場合は何がネックになっているのかを具体的に示してくれます。

例えば、「返済期間が長すぎるので、毎月の返済額を増やし、何とか短くできないでしょうか?」や、「建設する賃貸マンションの収益性が低いことが気になります。支払う管理委託費を下げるなどして、収益性を上げることができませんか?」など、融資するにあたって何に問題があり、どんなことをクリアすればいいのかを教えてくれるのです。

逆にダメな銀行員は、経営者が何を言っても暖簾に腕押しのことが多いです。融資のことで相談しても、ひと通り話を聞いてから、「銀行に持ち帰ってから回答します」の一点張り。どんな結果になったのかについてリターンも遅く、だいぶ月日が経ってから「やっぱり駄目でした」とようやく返事が来る始末。一事が万事、こんな調子です。

不思議なもので、経営者の味方となってくれる銀行員は、資金が必要な時にタイミングよく訪問してきます。常にアンテナを張って感性が研ぎ澄まされているからなのでしょう。しかも、会社の売上が良いときにはそれに合った提案をしてくれますし、売上が減少した時もいち早く気づいてニーズに合ったプランを勧めてくれます。

そういった銀行員には、保険や投資信託などを頼まれたら加入してあげたり、家族の分も含めて光熱費やカードなどの引き落とし口座をその銀行に集中したりなど、積極的に力になりましょう。協力してくれた相手には恩義を感じるものなので、融資の相談を受けた時に役に立とうと考えるはずです。

また、親睦を深めるために懇親会に誘うのもいいでしょう。優秀な銀行員は幅広い情報を持っていますから、経営にプラスとなる情報をもたらすことも期待できます。

② 金利の交渉は無言を貫くこと山のごとし

銀行の主たる収益は、会社に貸し出した金利による利息です。その収益源を下げることは、儲けが減ることを意味します。実際、私も銀行員時代、会社の経営者から常に金利の交渉を持ちかけられ、困ってしまったことがありました。その会社のために骨を折って融資を通したのに、その上で0・1%でも0・2%でも下げてほしいとごねられると、申し訳ありませんが、やる気が削がれてしまいます。

とは言っても、経営者からすれば会社の存亡がかかっているような場合、何と言われようが少しでも有利な条件で融資を受けたいと必死になるのは当然です。ダメ元と思っての行動かもしれませんが、金利は銀行が最も適切で合理的であると判断した数字ですので、争わないほうが無難と言えるでしょう。

ちなみに、中小企業に融資する際の金利は、主に以下のような計算式で決定します。

融資金利＝短期プライムレート＋スプレッド（上乗せ）

短期プライムレートとは、銀行が業績の良い会社に対して融資を行う際の、1年未満の短期貸出金利のことを指します。実際のところ、この章の147ページで紹介した企業の格付が「正常先」の区分であれば、短期プライムレートのみで、スプレッド無しでほぼ借入できます。

短期プライムレートは、事務コストや調達コストで構成されており、スプレッドは信用格付（つまり回収できないリスク度合い）によって決まります。つまり、会社の業績が良い時は信用格付が上がる可能性があり、金利を低く抑えるチャンスなのです。さらに、「正常先」の中でも上位の優良企業になると、上記とは別の方式が採用され、もっと低い金利で融資してもらえます。

また、銀行員に融資の相談をするのは、1月か7月が狙い目です。私が銀行員だった時代ほどではないと思いますが、いまでも銀行員は社内で融資の目標額が定められており、決算期の3月と上半期の締めである9月にスパートをかけます。最後の月であるこのタイミングで融資を増やそうと考えますから、審査や手続きなどを考えると、この2カ月前くらいが効果的だと思います。

③ 返済は絶対に遅れざること新幹線のごとく

万が一返済が遅れてしまうと、昔は銀行の支店内で毎日、その日の返済額が口座から引き落としできなかった融資先のリストである「返済不能一覧」を回覧していました。今は社内のシステムで、各銀行員が閲覧できるようになっているのではないかと思います。返済が遅れることは、それだけ重大な事項なのです。

返済日が近づいたら、前日までに必ず引き落としになる銀行口座にお金を入れておきましょう。確認して残金が足りなかったら、他の銀行口座から移したり、経営者が一時的に立て替えたりなどして、遅れることがないように肝に銘じてください。

もしも返済金の引き落としができなかったら、銀行から即座に「今日は返済日で、本日午後3時までに入金をお願いします」と電話が入るはずです。「あと10日後に」や「一週間待ってほしい」とお願いするのはご法度です。銀行には、返済が何日か遅れた会社は信用格付を「破綻懸念先」に落とすこともありますので、今後融資を受けられなくなるかもしれません。銀行への返済は最優先して、即座に支払いましょう。

そもそも会社経営とは、事業を継続することです。国税庁の調査によれば、日本には約271万社の会社が存在します（平成29年度）。それぞれの会社に経営者がおり、どうすれば思い通りの業績になるのか、日々考え続けています。どのようにして銀行からお金を調達するかは、経営者にとって大きな仕事の一つです。

続いては、経営者が「じっくり取り組むべきこと」について述べていきましょう。

銀行から条件の良い融資条件を引き出す

融資の金利は、銀行の信用格付によって決まることは前述した通りですが、それ以外にも金利を低くする方法があります。信用保証協会の保証付きではない融資に切り替えてもらうことです。このように信用保証協会を間に挟まない融資のことを、「**プロパー融資**」と呼びます。

プロパー融資になると、以下のメリットがあります。

・実質金利が低い

信用が高い会社に対して行う融資なので、融資する際の適用金利は低い設定になります。また、信用保証協会の保証を受けるには、融資額の0・45〜1・9％が保証料として金利に上乗せされますが、これがなくなるのでその分、実質金利が低くなります。

・融資限度額がない

信用保証協会の保証付き融資は、創業からの経過年数によって上限が定められていますが、プロパー融資は上限がなく、いくらでも借り入れることが可能です。

・信用力が上がる

銀行から直接融資を受けていることは、優良会社のお墨付きとなります。他の会社や金融機関からの信頼も上がり、一目置かれるようになります。帝国データバンクなど信用情報の調査報告書にも、保証協会付き融資か、プロパー融資かの情報が掲載されています。

プロパー融資のメリットを知れば、多くの経営者はぜひお願いしたいと思うはずですが、逆に「これだけ借りる側に有利なのだから、かなりハードルが高いに違いない」と思った方もいるでしょう。ところが、私の経験から言うと、プロパー融資は意外にそう難しいものではありません。

実情を申し上げると、銀行から信用保証協会の保証付き融資を受けて2〜3年が経ち、その間、滞りなく返済を重ねて黒字が続いていると、確かな信用力がついてプロパー融資できる可能性が出てきます。しかし、経営者のほうから何も言わないと銀行からは提案してはくれません。

「今回の融資から、うちの会社もプロパー融資で取り上げてくれませんか？」と、どんどん聞いたほうがいいでしょう。駄目だったら他の銀行にも打診して、もし脈がありそうだったら、「他の銀行からプロパー融資の提案をされた」と、それとなく銀行員に揺さぶりをかけると、自分の銀行で何とかしようと奮起してくれるかもしれません。

また、プロパー融資に限らず、銀行との交渉がうまくいかない時には、地元の信用金庫に相談してみると道が開けるかもしれません。ただし、この逆パターン（これまで地元の信用金庫から融資を受けてきた会社が、メガバンクに相談する）は、業績が順調な会社でないと難しいでしょう。

このようにできるためにも、決算書を良くすることが第一です。最初は信用保証協会の保証付き融資からスタートし、その後は黒字の決算を維持して、条件の良いプロパー融資を目指しましょう。何年か掛かるかもしれませんが、金利が低くなり、取引のある会社からの信用力向上にも結びつきますので、チャレンジする甲斐があると思います。

さらに周囲からの信用につながるものとしては、銀行引き受けの「私募債」があります。これは信用力が高く、優良であると認められた会社に対して、銀行側から提案する案件です。

どのようなものかというと、いわゆる社債を発行してもらい、それを一括で銀行が買い取るというものです。運転資金の場合、償還期間はだいたい2年～5年。6カ月か1年に1回利息の支払いと保証料の負担はありますが、有価証券届出書の提出は不要であるため、比較的迅速に対応することが可能です。償還日に元金を一括して支払わなければなりませんが、それまでの期間は、利息だけですので、毎月の返済に苦しむことはありません。設備資金の場合は15年と言うこともありますが、その場合、6カ月か1年毎に元金償還と利息、保証料支払いが必要となることが多いです。

さらに大きなメリットとして、私募債が発行されると、証券保管振替機構がホームページ上で社名と金額を公開するため、高い信用力のある会社だと認めてもらったも同然です。

私の会社でも、実は私募債を発行しています。かといって、華々しい実績や大きな収益を上げているような、超優良企業というわけではありません。売上規模も10億ほどで、決して大きくないですし、業界平均でみれば経常利益率もそれほど多くありません。しかし、たまたま銀行員の経験があったので、銀行の評価する指標（本書で記載していること）を、意識的に高くしようとしてきた結果、幸運にも銀行から私募債の発行を提案されました。

つまり地道に堅実に、基本的な経営を続けてさえいれば、必ず評価してくれる人が出てきます。当面の経営目標の一つに私募債の発行を加え、担当銀行員の方とお話しする時、常に話題にしていれば、「社長は私募債を発行したいのだな」「そのために経営を真面目にしているのだな」と認識し、心の片隅にとどめておくはずです。そうすれば、時期がくればおのずと私募債発行の提案をしてくれるでしょう。

会社の将来性を高める

この章の冒頭でも触れた通り、金融庁は「金融検査マニュアル」を廃止し、銀行などの金融機関に対して、中小企業の将来の見通しを考慮して融資を行うよう、方針を転換しました。今後は銀行員にも、会社の「未来」を予測できる確かな目を持つことが求められます。

会社の将来性を判断する上で、銀行員がチェックするのは、主に以下の3つだと思われます。

①社員数を少なく抑えているか

高度経済成長の時代は、社員数が多いほうが良いと考えられていましたが、日本経済はバブル崩壊後の不況を経験したことで、社員数はできる限り少なくして、売上を上げたほうが効率的に稼いでいる会社だという考え方に変化しました。社員数が多いと人件費が膨れ上がってしまい、その分、会社の利益が減ってしまいます。社員１人当たりが稼いでいる利益の大きいほうが、将来性がある会社と言えるでしょう。

②平均勤続年数は適度か

勤続年数が２～３年以内と短すぎるのは、ブラック企業など何らかの問題がある会社だと懸念されてしまいます。しかし、長く勤めている社員が多い場合も、会社に貢献しなくても大丈夫だと胡坐をかいてしまって、定年まで無難に過ごそうと守りに入ってしまう傾向があります。

国税庁の「平成29年分　民間給与実態統計調査」によれば、日本企業全体の平均勤続年数は12・１年で、10年前と比べて０・５年延びています。一般的に社員が辞めずに長く働き続ける会社は働きやすいという印象がありますが、近年のように変化の激しい時代では、一定の比率で社員が入れ替わって新陳代謝が行われているほうが、会社は成長すると考えられています。

③若い世代の社員が何割いるか

世の中のニーズを察知し、新しい商品やサービスを生み出していくには、社員に20代〜40代前半までの若い年齢層がある程度の割合でいることが望ましいです。とはいえ、代々続く中小企業で、社員のほとんどが50歳以上というケースもあるでしょう。長年、会社に尽してくれている社員は宝であり、無下にはできませんが、今までのやり方から変われないなら、時代に取り残されてしまうのもビジネスの現実です。

中小企業の採用難が加速する中で、若い世代に就職してもらうには、どんな事業であっても今のトレンドに合わせていくことが不可欠でしょう。そのためには若い後継者が新しい事業を考えて、今の時流に乗ったものを立ち上げるのも良いと思います。これまでにない発想でビジネスを展開し、それを面白いと感じた若い世代が会社に入社してくれれば、将来有望な会社への道筋を描ける期待が生まれます。

経営者のビジョンと会社の魅力

「あなたの会社の魅力は何ですか？」と聞かれて、すぐに答えることができるでしょうか。何に強みがあり、どんな特徴があるのかは、１００社あれば１００社それぞれに異なっています。他の会社と比べて光るものをどれだけ作っていけるのか、それを考え続けていくのが経営であり、会社の魅力に直結するのだと思います。

経営者は３６５日、24時間いつでも、会社の経営について思いを巡らせているものです。5年後、10年後、そして20年後、軌道に乗って会社が成長し、胸がワクワクするような事業になっているように、長期的ビジョンを形にするのが経営者の真骨頂に他なりません。そのためにも決算書を良くして、銀行から融資を受けることができるように万全に準備をしておきましょう。

よくある質問

私が元銀行員だと知ると、周りの経営者たちから融資に関して質問されることがよくあります。その中から、本書を読んでいる読者の方の参考になりそうなものをピックアップしました。

Q1　無借金経営はお金を借りる必要がなく、資金に余裕がある会社なので、銀行からの評価は高いのでしょうか?

A　自己資金だけで運営できており、倒産のリスクが極めて低いということでは無借金経営は最強ですが、借入を行っていないということは、銀行との付き合いもほとんどありません。大きな投資のチャンスが到来して大きな資金が必要な場合や、不測の事態が起きた場合などに、いきなり銀行に融資を頼みに行っても、相談も一から始めないといけませんし、融資の審査にあたってその会社を最初から全部調べないといけませんから、結構な日数がかかります。

お金を借りる必要がなくても、多少でも借り入れをしておくほうが、いざという時にスムーズに融資できます。また、銀行員はその地域のさまざまな価値のある情報を持っていますので、日頃から銀行員との関係を築いておいたほうが、メリットは大きいです。

Q2 銀行は独自の調査結果のみをもとに融資の可否を決めていると聞きましたが、例えば信用調査会社の評点など、他のデータを参考にはしていないのですか？

A よく知られている信用調査会社といえば、帝国データバンクと東京商工リサーチですが、結論から言うと、銀行員は参考にしていません。実際、私は帝国データバンクでとても低い評点である38点の会社に新規融資したことがあります。それは日本に進出して間もない外資系の会社で、創業赤字を抱えていました。しかし、親会社は信用力が高く、他にはない特許を取得しており、取引先も優良企業ばかりでした。信用調査会社はそこまで調査しきれずに、決算書の財務内容だけを見て38点を付けていたのでしょう。融資は問題なく行われ、その後も業績は順調に伸びていきました。

なお、信用調査会社の評点についてですが、50点以上であれば、信用調査会社は当面、倒産の可能性は低いと判断していると言えます。また、信用調査会社の評点が高い会社は、基本的には財務状況が良い、倒産リスクの低い会社であるのは間違いありません。

Q3 中小企業が資金の借り入れを行うには、日本政策金融公庫から融資を受ける方法もあると思います。銀行から融資を受ける場合と、何が違うのでしょうか？

A 日本政策金融公庫は、2008年10月に国民金融公庫、中小企業金融公庫、農林漁業金融公庫を統合した、政府が全額を出資している金融機関です。融資制度の数が約100種類以上あり、多岐にわたっています。起業したばかりの場合、会社の実績や信用がない中で銀行に融資してもらうのは難しいですが、日本政策金融公庫には新たに事業を始める人や事業を始めて間もない人が無担保・無保証人で利用できる、新創業融資制度があります。中小企業が日本政策金融公庫から事業資金を融資してもらうにあたっては、民間の銀行とは審査基準に違いがあります。銀行の融資は財務内容を最も重視するのに対し、日本政策金融公庫の融資は、財務内容はほぼ見ておらず、事業計画の具体性や確実性を見て判断します。中でも、主に開業時や売上が減少した際に助けとなる日本政策金融公庫の国民生活事業融資は、民間の銀行から融資してもらえない場合、最後に頼る融資です。業績が良い会社が、日本政策金融公庫から支援を受けるケースもありますが、それは必要資金の一部にすぎず、同時に民間の銀行からも融資を受けています。つまり、最後の頼みの綱である日本政策金融公庫だけから融資を受けている状態が長期にわたって続いてしまうと、取引先などから「この会社は信用力がなくて資金繰りに窮しているのではないか」と見られてしまうでしょう。創業間もない時期や思いがけない事態で売上が減少した時など、緊急時の救済手段だと心得ておきましょう。

Q4　ここ1年、会社の業績が悪くなり、融資を受けた銀行に返済できなくなる可能性が出てきました。もしもの時に備えて、どこにどのように相談するのが効果的ですか？

A　返済が難しそうだと感じたら、できるだけ早めに銀行と相談を始めるのが鉄則です。保証協会保証付きの融資返済をリスケ（返済猶予）してもらうには、銀行を通して信用保証協会に条件変更の申し込みを行います。基本的に信用保証協会は、会社が倒産することを避けたいと考えますので、返済猶予には応じます。返済額は返済できる金額だけ（例えば月1万円とか）で承諾してもらえるようです。

ただし、融資を受けたお金は、いずれ返さないといけませんので、返済を引き延ばすための延命にならないよう、会社の業績を立て直す計画を早急に練りましょう。

Q5 最近、ＤＸ（デジタルトランスフォーメーション）という言葉をよく聞きます。業務のＩＴ化を行うと、融資でもプラスになるのでしょうか？

A ＩＴ化を進めると、会社の将来性においても銀行員から高く評価されますし、業務の効率化が促され、会社の生産性も高まります。仕事環境をＩＴ化して、打ち合わせはオンライン、契約書も電子契約方式に変え、会社一丸となって取り組めば会社の業績アップにもつながると思います。今は働き方改革が進んでいますから、テレワークや副業なども上手く活用して事業拡大につなげていきましょう。そうした会社の取り組みを銀行員にもアピールすれば、時代に対応している会社だと好印象を持たれます。

Q6 銀行から融資してもらうには、３期連続して黒字にならないと難しいと耳にしました。うちの会社は来月が決算で赤字になる見込みなので、融資してもらうことは難しいでしょうか？

A

本書に書いてある、決算書を良くするためにすぐにできる方法を実践して、赤字を回避できるよう、可能な限りやってみましょう。法人契約の生命保険の解約や、現金で買い取ってもらえる在庫の売却など、赤字額を補填できるものを片っ端から探してみてください。経営者の報酬を一時的にゼロにするなど、早急に経費を削減することも検討してみてください。今期で赤字になっても、来期から業績が伸び続ければ融資しようと考える銀行員もいますが、赤字になると見る目が厳しくなります。

本書でさまざまな手法を紹介しましたので、会社が赤字にならないように最後の最後まで力を尽くしてください。

回答欄	備考	配点	
		はい	いいえ
はい　・　いいえ		1	0
はい　・　いいえ	「いいえ」は一発アウト	1	−100
はい　・　いいえ	「いいえ」は一発アウト	1	−100
はい　・　いいえ		1	0
はい　・　いいえ		3	0
はい　・　いいえ		5	0
はい　・　いいえ	「いいえ」は一発アウト	1	−100
はい　・　いいえ		1	0
はい　・　いいえ	「いいえ」は一発アウト	1	−100
はい　・　いいえ	「いいえ」は一発アウト	1	−100
はい　・　いいえ	「いいえ」は一発アウト	1	−100
はい　・　いいえ		3	0
はい　・　いいえ		5	0
はい　・　いいえ		8	0
はい　・　いいえ		10	0
はい　・　いいえ		1	0
はい　・　いいえ		1	0
はい　・　いいえ		3	0
はい　・　いいえ		5	0
はい　・　いいえ		1	0
はい　・　いいえ	「いいえ」は一発アウト	1	−100
はい　・　いいえ		1	0
はい　・　いいえ		1	0
はい　・　いいえ		1	0
はい　・　いいえ		1	0
		59	

融資のための財務内容チェックシート

項目	内容	
株式	経営者が５０％以上の株式を保有している	
株式	役員に反社会的勢力の関係者は名を連ねていない	
株式	株主に反社会的勢力の関係者はいない	
資本	自己資本比率が１０％以上ある	
資本	自己資本比率が２０％以上ある	
資本	自己資本比率が３０％以上ある	
資本	純資産の額がマイナス（債務超過）ではない	
資産	含み損はない、あってもごくわずか（総資産の１０％以内）と断言できる	
負債	社会保険料、源泉所得税の未払金はない	
負債	現在の借入について返済猶予を既に受けていない	
負債	全取引銀行から現在、借入の返済は一切延滞をしていない	
損益	直近期の売上高は１億円を超えている	
損益	直近期の売上高は３億円を超えている	
損益	直近期の売上高は５億円を超えている	
損益	直近期の売上高は１０億円を超えている	
損益	過去２期連続で経常黒字を計上している	
損益	前期は経常利益率が２％を超えている	
損益	前期は経常利益率が５％を超えている	
損益	前期は経常利益率が１０％を超えている	
損益	今期の経常利益は黒字見込みである	
損益	消費税、法人税、事業税等の未払はない	
損益	減価償却は適法に実施しているか、減価償却不足はない	
損益	売上と原価（経費）の収益認識は一致している（前受金だけ先に売上計上していない）	
損益	直近期の決算では税引前で黒字または、一過性の税引前赤字（翌期決算には黒字になる）のいずれかである	
その他	創業から２年以上経過している	

50 点以上　現在のプロパー融資額と合わせて、2 億円程度のプロパー融資を受けられる可能性があります。
40 点以上　現在のプロパー融資額と合わせて、1 億円程度のプロパー融資を受けられる可能性があります。
35 点以上　現在のプロパー融資額と合わせて、3000 万円程度のプロパー融資を受けられる可能性があります。
30 点以上　プロパー融資が受けられるかどうかはギリギリのところです。将来の事業拡大の可能性次第です。
29 点～1 点　保証協会融資で借入を検討できます。
0 点以下　保証協会の保証付き融資も含めて困難と思われます。いま借入中の融資も期限に返済する必要がありそうです。

おわりに

私は子どもの頃から、目立つことが嫌いな、引っ込み思案な性格でした。その性格は変わらず、大学を卒業して就職先を決めるにあたっても、裏方に徹することのできる銀行を選びました。

私が、銀行で仕事をしていて一番うれしかったことは、新しい医療器具の許認可を受けて海外から輸入することになった会社に融資をした時のことでした。その会社は、その医療器具をある病気で苦しむ人々に届けるために運転資金が必要でしたが、設立から日が浅いことと財務上の課題で他の銀行は支援を断っていました。私は、販売予定先への詳細な製品評価のヒアリングを通じて、確実な販売見込みを想定して審査部を説得し、自分の銀行単独で数千万の融資を行いました。その結果もあって会社は成長し、後日、経営者から「君のお陰で多くの患者さんの命を救うことが出来たよ。ありがとう」と言われたとき、バンカー冥利に尽きるというのでしょうか、涙が止まりませんでした。

そんな私も銀行を辞めて会社を起業することになったのですが、銀行に在籍していた当時、そこで学んだ財務体質を見る視点が、会社の経営者として、こんなに役立つとは夢にも思っていませんでした。いま会社を経営しているのは、銀行時代に身に着けた財務指標を高めるべく、実践しているに過ぎません。もちろん、実行に移せていないこともたくさんあります。

実は、財務上のどの数字を強化すべきかを理解することは、決して難しいことではありません。銀行員は2年目になれば25歳くらいで取引先を担当し、一人前に経営者に対峙しています。銀行の視点やさまざまなポイントは、真剣に数字と向き合っていれば、2年もすれば習得できるということです。こうした知識を経営者や経営に携わる方々、経営に関心のある方々にぜひとも知ってもらいたいと思ったのが、本書を書くことになったきっかけです。

銀行出身の私には、あるひとつの信念があります。

単に事業に必要な資金を借りるというだけなら、お金に色はなく、貸してくれる相手は誰でも構わないはずです。もしかしたら、無利息で貸してくれたり、返済はいつでもいいよと言ってくれる、優しく心温かい親戚や親密な知人もいるかもしれません。それでも「事業に必要な資金は銀行から借りるべき」という信念です。

民間の銀行は営利会社であることは間違いありませんが、日本の多くの銀行（特に歴史のある銀行）は、儲かれば貸すだけの営利会社では決してありません。銀行は将来も事業が安定成長していくかどうかの視点で取引先の会社を判断し、その成長を支援することを事業目的としています。会社の成長を通じて、世の中を発展させるために、この姿勢を貫くことが銀行に課せられた最大の使命だと確信しています。もしこの姿勢を貫かず、儲けることを最優先している銀行があるならば、すぐに銀行免許を返上してほしいと思っています。

銀行から資金を借りようと思うと、厳しいこと、触れて欲しくないことを言われるかもしれません。財務内容を改善しなければ融資を断られるかもしれません。それでも会社を鍛え成長させようと思うなら、資金は銀行から借りるべきと考えます。

最後に、私はシステム会社を経営していますが、社会における立ち位置は銀行時代と変わっていません。システム会社は常に裏方であり、社会における主役ではありません。我々の会社のお客様がその会社の優れた商品やサービスをその先の顧客に届けることを実現するために必要な最善のシステムを提供する、それが我々の会社の役割です。私は銀行時代と変わらず、表に立つことはなく裏方に徹し、主役のお客様をバックアップしていきたいと考えています。

2021年11月

菊地　宏

《参考文献》

『役員報酬・賞与・退職金　中小企業の支給相場』（日本実業出版社　２０１９年）
『ビジネススクールでは学べない　世界最先端の経営学』入山 章栄（日経ＢＰ社　２０１５年）
『人新世の「資本論」』　斎藤幸平（集英社 ２０２０年）
『稲盛和夫の実学―経営と会計』稲盛和夫（日本経済新聞出版　２０００年）
『ビジョナリー・カンパニー ２‐飛躍の法則』ジム・コリンズ著　山岡洋一翻訳（日経ＢＰ社　２００１年）
『マネジメント【エッセンシャル版】基本と原則』ピーター・Ｆ・ドラッカー著 上田惇生翻訳（ダイヤモンド社 ２００１年）

【著者紹介】
菊地 宏（きくち・ひろし）
インフォニック株式会社代表取締役社長。1964年、宮城県石巻市生まれ。同志社大学法学部卒業後、現みずほ銀行に入行。大阪支店（外国為替部）を皮切りに麹町支店等で15年間勤務。退社後、2005年インフォニック㈱を創立、代表取締役に就任。現在グループ5社、計6拠点（京都、東京、大阪、福島、舞鶴、ミャンマー）でソフトウェア開発及びＩＴ基盤構築業務を行っている。

企画協力　種田心吾（リーブルテック）
装幀・本文デザイン
　ディレクション・八尋万里子＋デザイナー・森脇葵（リーブルテック）
イラスト　西原宏史
DTP　リーブルテック
編集協力　ビッグネット
編集　永田一周

会社の総資産額は少ないほうがいい
銀行から融資を受けたかったら、この数字を見直しなさい

2021年12月1日　初版発行

著　者：菊地 宏
発行者：花野井道郎
発行所：株式会社時事通信出版局
発　売：株式会社時事通信社
〒104-8178　東京都中央区銀座5-15-8
電話03(5565)2155　https://bookpub.jiji.com/

印刷／製本　株式会社リーブルテック

ISBN978-4-7887-1794-7　C0034　Printed in Japan